潮来春至
桃李芬芳

潮州文化融入学校管理
探索与实践

张 鸥 ◎ 主编

西安出版社

图书在版编目（CIP）数据

潮来春至　桃李芬芳：潮州文化融入学校管理探索与实践/张鸥主编.—西安：西安出版社，2023.9
ISBN 978-7-5541-7093-9

Ⅰ.①潮… Ⅱ.①张… Ⅲ.①地方文化－潮州－关系－中学－学校管理－研究 Ⅳ.①G127.653②G637

中国国家版本馆CIP数据核字（2023）第177898号

潮来春至　桃李芬芳：潮州文化融入学校管理探索与实践
CHAOLAI CHUNZHI TAOLI FENFANG CHAOZHOU WENHUA RONGRU XUEXIAO GUANLI TANSUO YU SHIJIAN

出版发行：西安出版社
社　　址：西安市曲江新区雁南五路1868号影视演艺大厦11层
电　　话：（029）85264440
邮政编码：710061
印　　刷：北京政采印刷服务有限公司
开　　本：787mm×1092mm　1/16
印　　张：14
字　　数：243千字
版　　次：2023年9月第1版
印　　次：2023年11月第1次
书　　号：ISBN 978-7-5541-7093-9
定　　价：58.00元

编 委 会

序 言

PREFACE

踔厉奋发　当"七有"校长

陶行知先生曾经说过："做一个学校校长，谈何容易！说得小些，他关系千百人的学业前途；说得大些，他关系国家与学术之兴衰。"苏联教育家苏霍姆林斯基也曾说："有怎样的校长，就有怎样的学校。"可见，校长作为学校教育的领导者、管理者，在学校的发展中扮演着不可替代的角色。当下，如何"创建特色品牌校园，做一名好校长"，是校长们应该追思和探寻的问题。

我在学校管理道路上摸索已近30年，日积月累，有酸甜苦辣，也积累了一些经验，回顾走过的路，深有感触。多年来，我一直努力做一名"七有"校长：第一，要有"做教育"的心境，坚守教育情怀。一个有情怀的好校长，一定要矢志不渝地深度参与课堂教学；要坚持立德树人，要关注学校典型的困难学生，要主动接触学生，时代在发展，学生也在不断变化，应尽可能多地融入学生的学习和生活。第二，要有"自律"的作为。校长作为老师的"老师"，担负学校发展的使命，应该严于律己，在"私"字上克制，尽可能无私。要远离功利，赏罚分明，刚正不阿，秉公办事，力求"当一任校长，负几代责任，留一世清白"。第三，要有"人文关怀"的理念。校长应摒弃高人一等的优势心理，将自己当成普通教师的一员，走到教师身边，走进教师心中，诚心诚意与教师做朋友，生活上唠家常，工作上聊教学。同时，校长应坚持以学生为主体的办学理念，让学生在校园中学有所得、学有所获、学有所乐。第四，要有"协调分配"的能力。校长要多维度管理中层干部、基层教师与学生，在处理问题时，多维度多情境分析，采取灵活多元化的应对策略。第五，要有决断的决策能力。校长要找准决策立足点，准确的决策定位是决策果断的前提，校长

1

应躬身入局，抽身观局，与同类学校、高层次学校沟通交流，站在更大的格局，看清学校的未来和明天，把握学校发展的方向。第六，要有"虚怀若谷"的心态。校长必须深入一线，了解教学、研究教学，保持对教学的热情和关注，抽出时间走进课堂，听听老师的课，甚至亲自带课。第七，要有"以校为家"的执着。校长应当深入职工前线，用民主协商管理职工队伍，将职工视为家人，坚持"学校的事情学校说了算，教师的事情教师商量着办"的管理原则，将人间烟火与学校管理相结合。我始终认为做一名好校长，必须身体力行地诠释"博学、责任、爱心、协调、创新"，促进学校教育教学高质量发展。

教育是一种情怀，近年来，我着力于挖掘地方传统文化，特别是"潮"文化的育人功用，并将其应用于学校管理当中，取得了一定的成效。我便萌生了将自己在探索过程中获得的一些经验和心得做一个总结的想法。在编写本书时，我将内容设计为以下三篇内容：潮润杏坛、朝花夕拾、润物无声。

第一部分——潮润杏坛篇，主要介绍近年来致力研究的课题——潮文化在学校管理中的应用。以"广东省张鸥名校长工作室"为展示平台，全面展示工作室的工作情况及研究成果，并结合课题研究，在中学学校德育及教学领域开展理论研究和实践指导。同时，与广大读者分享本工作室自成立以来开展的各类主题活动，以图文方式让读者直观了解"潮文化"的独特魅力，形成对"潮文化"的清晰、全面认识，以感受潮州文化的源远流长、博大精深，深刻领会习近平总书记在潮州考察时强调的"潮州是一座有着悠久历史的文化名城，潮汕文化是岭南文化的重要组成部分，是中华文化的重要支脉"重要论断。

第二部分——朝花夕拾篇，以既往课题为主线，通过课题形式展示对学校管理的思考。在教学课题上，以中学学科类课题为主，探讨素质教育背景下教育教学的改革，教师如何创新教育方式，提升教育教学效果。在德育、心理课题上，主要探讨学校如何开展特色德育工作和心理辅导，使之适应中学生身心发展规律，促进中学生健康成长，从而实现学校管理的良性循环。

第三部分——润物无声篇，以推广实践应用为主，收录了本人以及本校教师的优秀论文。马克思主义哲学中谈到"实践是认识的目的和归宿"，教育教学理论最终要回到实践中去，与学校教育教学管理相结合，才能真正展示出教育理论的效用与价值，推动新时代教育教学管理的创新发展。本篇侧重于与读者分享工作室学员及本校教师的论文，以一线教师在教育教学上的相关实践经验的分享，来增进同行之间教育经验的交流，促进广大一线教师积极参与教育科研，推动学校科研发展，让科研引导学校教育创新发展。

在学校教育教学管理中，学校要始终追求"五育并进、全人教育"，力争把学生培养成为"阳光向上、全面发展"的社会主义建设者与接班人。作为校长，定要扛起肩上的责任与使命，为教育事业贡献自己微薄的力量。

最后，在本书即将付梓之际，我衷心感谢本书创作团队的辛勤付出，衷心感谢关心本书出版的各位专家的指导！愿我们的团队发展得更好，愿我们每个人都能成为更优秀的教育者。

感恩诸君！

张 鸥

2023年6月

目录
CONTENTS

上 篇　潮润杏坛

教学理论研究 ·· 2
　　潮州文化融入中学教学研究的探索 ······················ 2

德育理论研究 ·· 14
　　潮州文化融入中学学校德育管理研究的论证 ·············· 14

"张鸥名校长工作室"专题 ··························· 29
　　借助潮州红色文化资源优化高中历史课堂 ················ 29
　　文言文教学中多元价值体系的建构 ······················ 32
　　"潮侨文化"融入中学学校德育管理浅探 ················ 37
　　在学生社团活动中传承潮州优秀传统文化研究 ············ 41
　　潮州文化对学校推广"感恩教育"的启迪 ················ 45
　　立足潮州文化，发展学校美育 ·························· 49
　　潮州文化对推进学校"美育"的思考 ···················· 54

中 篇　朝花夕拾

农村中学实施有效教学的课堂教学模式研究 ················ 60
农村中学心理咨询室建设的研究 ·························· 74
农村中学学生社团活动与学生自主成长的关系研究 ·········· 84

下　篇　润物无声

教学实践研究 ·· 96

"双减"政策背景下农村中学教学实践探究 ············· 96

改变农村高中历史课堂传统教法的路径探索 ············· 102

教学管理工作中的"良种、良田、良法"模式 ············· 106

内外兼修，提高学生生物核心素养 ····················· 109

厉害了，我的城 ···································· 113

时代背景下初中地理教学"双减"探索之路 ············· 119

"过番"文化融入思政课程的路径探究 ················· 122

高中数学教学中的探究性学习 ························· 130

借大吴泥塑艺术，助力初中美术教学 ················· 134

挖掘"潮文化"，教活"洋教材" ····················· 138

乡土资源融入高中思想政治课教学策略研究 ············· 143

寓用潮汕俗语，批评教育小艺术 ····················· 149

学生厌学的表现、原因和辅导方法 ··················· 154

借助潮汕方言释义初中文言文词语方法探讨 ············· 162

德育实践研究 ·· 168

引才·育才·留才，助推教育高质量发展 ··············· 168

"四诊"合参，转化后进生 ························· 171

潮商文化融入学校德育工作的尝试 ··················· 176

地方传统文化推动教育优质发展的探究 ··············· 180

德高为师　身正为范 ······························· 187

怀理解接纳之心，用肯定鼓励育人 ··················· 191

如何带好七年级新生 ······························· 194

谈德育教育在中学体育教学中的渗透 ················· 197

新时代如何做好班主任德育工作 ····················· 202

杜威"共同体"思想与班级共同体的构建研究 ··········· 206

上篇

潮润杏坛

潮州文化融入中学教学研究的探索

潮州市潮安区宝山中学　张鸥

在新一轮课程改革的背景下，特别是地方课程概念的提出，乡土文化资源中蕴含的教育价值受到学者广泛关注，越来越多的学者开始探究地方特色文化对于教育教学的意义。究其原因，主要是地方文化资源具有贴近学生实际生活，贴近学生心理的天然优势。潮州文化具有鲜明的地域特色，是岭南文化的重要组成部分，是中华文化的重要支脉，是潮汕地区宝贵的乡土教育资源。在课程教学中，将潮州文化作为课程资源在学校推广，并融入渗透到课程教学中去，让下一代人主动了解、传承潮州优秀传统文化，能够培养学生热爱潮州的乡土文化感情，增强学生文化自信，促进学生综合发展。

一、研究综述

（一）国内研究现状

乡土文化不仅在我国精神文化建设方面价值巨大，作为课程资源在课程教学与设计中的应用价值也十分广泛。费孝通先生在《乡土中国》中指出："文化是依赖象征体系和个人的记忆而维持着的社会共同经验。"用历史的眼光来看，乡土文化是中华文化的重要组成部分，是促进中华文化不断生长的丰厚文化土壤。费先生从宏观角度论述了乡土文化作为精神根基的文化价值，在中学课程教学中融入乡土文化资源增强了课程的人文底蕴，可以帮助学生了解历史，传承美德，增强文化自信。从微观角度看，乡土文化资源有助于在课堂中帮助学生形成家国情怀，培养学生积极的文化认知和健康的情感体验。吴俊认为乡土文化有利于活化教学内容，丰富教学资源；有利于转变教学方式，让学生在喜闻乐见的生活情境中，在活生生的乡土课堂上进行自主学习。这样，学生既能从乡土文化资源中吸取精华元素，接受文化熏陶，重拾乡土意识，培养学生热爱家乡、立志为家乡做贡献的情感，又能在文化多元背景下弘扬创新民族文化、优秀传统文化。由此看出，无论是从宏观层面还是从微观层面分析乡土文化资源的应用价值，都能得出在教学中融入乡土文化资源可以达到教育的目标与效果。

其次，关于具体的地域文化与教学的研究，此类研究主要是针对具体区域的文化及其课程的开发，结合当地独有的地域文化资源，来阐释其在教学中的价值，根据各地域文化的特色提出相关的在教学上的措施。如李国宏等人在《安徽地域文化的现代教育价值开发与利用研究》中，针对安徽地域文化在学校中的运用现状展开论述，并对现代教育模式展开了探究，最后针对现状提出了安徽地域文化现代教育的价值与开发策略；再如杨秀琴在《基于地域文化融于农村小学德育教育初探——以重庆市渝北区华蓥山文化为例》中阐述了地域文化的重要性，并强调其在农村小学德育教育中的地位，最后重点以重庆市渝北区华蓥山文化为例，针对该地区现状提出相关措施，展开阐述如何拓展德育渠道等途径。另外，关于地域文化与具体课程的研究，此类研究是针对具体课程，如语文、地理、历史等，根据学科特点来分析如何开发和利用地域文化，促进地域文化与相关课程的结合。如王艳琴在《地域侧重从实践角度谈地方文化在中学历史教学的运用》中就如何扩大地域文化教育资源、如何活跃地域文化教学课堂及如何加强地域文化能力教学等方面提出相关措施；再如付蓉在其论文《地域文化视野下历史课程资源的开发与利用——以吴越文化为个案》中主要探讨了地域文化历史课程资源的开发与利用情况，而后阐述了历史课程资源开发问题，最后以吴越文化在地方课程中的融合来阐述地域文化开发与利用的重要性。

最后，关于潮州地方文化融入课堂教学方面。在教育领域中，如何在教育教学中融入潮州地域文化，如何利用潮州地域文化进行课程开发，也是众多学者的研究方向。目前，在语文、思政、历史、地理等学科已有相关对结合潮州文化的论述，如刘希媛的《潮汕地域文化资源应用于小学语文课程中的现状及策略研究》，陈三鹏的《校史、校友：大学生素质教育的资源宝库——以韩山师范学院为例》，李赛娥的《潮汕文化进课堂的实践与思考》，侧重从实践角度谈地方文化在中学历史教学中的运用；周銮君和黄晓坚的《潮侨文化融入高中历史课堂的探索——基于培养学生历史核心素养的视角》，从潮侨文化对培育高中生核心素养的重要性入手，分析潮侨文化与学科核心素养的关系；梁玲玲和陈海忠的《中学历史校本课程<潮汕历史文化>的开发》中主要关注了校本课程的具体实施，在深度剖析潮汕地区区域历史与学情的基础上，设计出七个课时的课程内容及实施方案；邹旭明在《开发地方课程资源——弘扬潮汕文化》中，首先对潮汕传统文化资源进行了介绍，并根据课程改革理论提出一系列开发潮汕文化资源的措施。由此可见，将潮州文化融入地方课堂教学，有利于落实学科核心素养，提升课程的适用性，进而实现课程的育人目标。

（二）国外研究现状

卢梭是最先研究乡土与教育关系的人。18世纪初，卢梭在其著作《爱弥儿》中提及主张让儿童亲近乡土，在乡土环境中学习地理的实物教学法。卢梭主张地理教学要以儿童日常生活的所在地为出发点，然后逐次推及儿童生活所在地的山水，再到地球，太阳等天体。另外，美国教育家杜威1902年在他的著作《儿童与课程》一书中提出了教育过程的基本因素：学习者、社会和有组织的学科，他将这三方面认定为形成课程的三个基本来源。同时，杜威关注并重视儿童的经验，将儿童的经验作为重要的课程资源，呼吁教育者要提供生活情境，使学生在"做中学"，获得直接的生活体悟。20世纪40年代，美国教育家泰勒在《课程与教学的基本原理》中提倡研究开发学校周边的自然社会环境，把对学习者本身的研究、对校外当代生活的研究和学科专家的建设作为课程计划的三个来源。由此可见，国外对于乡土文化价值的开发与研究都有深入研究，乡土教育、乡土文化资源融入教育教学有助于健全学生人格，树立其终身发展的精神目标。

随着研究的不断深入和扩大，乡土教育的学科领域也随之扩大，例如自然、文学、社会等学科都被加进了乡土教育的范围之内。而且乡土教育的德育功能也备受关注。1844年，德国教育家芬格的《乡土教学指引》一书中，便把地理、历史和自然学科的乡土内容综合起来；1893年，德国教育家柏格曼的《乡土科的社会伦理问题》一书中，提出乡土教学应以社会伦理教育为主要目的，并应能唤起儿童爱家乡、爱国家之心的观点；山东师范大学课程与研究中心焦炜撰写的《生成视野中的国外教学设计理论本土化问题研究》提出国外教育者将本土资源应用于克服教学设计的各种问题，不但提高了教学的创新性，而且更新了教师教学设计的理念，进而促进其教育能力的提升。

二、研究意义

潮州文化融入中学教学，既能活化教学内容，又能够促进教育教学发展，提升课程教学的适用性，具有重要的理论意义及实践意义。

理论意义：研究潮州文化融入中学学校教学可以丰富中学课程教学内容。潮州地域文化资源丰富，包括以潮州方言、潮侨文化、潮绣、潮瓷、潮雕、潮塑、潮剧、工夫茶和潮州菜等为代表的诸多方面。研究潮州文化在中学课程中的应用的理论和思想对现在及未来教育工作者进行地域文化的教育研究具有指导及影响作用，能弥补国家统一教材使用过程中的不足，使得教学内容更加贴近教师与学生的实际生活，拓展课程资源，充分挖掘潮州文化资源中巨大的教育价值，使中学课程教学更加生活化、生动化。

实践意义：首先，研究潮州文化在课程教学中的应用能够活跃课堂教学，优化课程结构；其次，通过合理开发潮州文化资源，使优秀的文化成为课程中的一个组成部分，让学生从学习中逐步了解潮州文化，进而培养他们热爱家乡的思想情感；最后，课程是潮州地域文化传播的重要载体，在课程教学中传播潮州文化，能够使得其更具生命力，这有利于潮州文化的传承延续，绽放持久的生机与魅力。

三、相关理论基础

（一）陶行知生活教育理论

陶行知生活教育理论作为其教育思想体系的重要组成部分，具有三个方面的内涵："生活即教育""社会即学校"和"教学做合一"，即倡导"教育融入生活，用生活进行教育，通过教育来满足生活进步发展需要。"在课程教学中融入当地优秀的乡土文化资源，将教育放到现实生活中，超越书本理论知识，利用社会的大课堂，去发展学生改造社会的实践能力。我们在倡导"教育回归生活"的背景下创设乡土情境，开展乡土教育活动，是对陶行知生活教育理论的践行，能够塑造全面发展的、具有个性的学生形象，实现知行合一。

（二）李吉林情境教育理论

李吉林根据情感和认知活动相互作用的原理创立了情境教育理论。情境教育理论倡导以学生为主体，根据学生的思维特点和认知规律创设具体教学场景，且所创设的情境不是单一枯燥的，而是来自学生生活的，能够引起学生情感共鸣，尊重学生的人格和主体地位，满足学生的需求，将学生认知活动与情感活动相融合，构建学生熟悉的乡土文化氛围，培育学生向善、向美的道德情操，使学生在学习的过程中，获得探究、审美、认识和创造的乐趣。传统课堂的符号学习导致学生效率低下，普遍兴趣不高，而创设贴近学生生活的乡土教学情境，有助于学生在理解理论的基础上更好地将知识运用于实践，挖掘自身潜能，提高他们解决现实问题、服务社会的能力。

（三）体验学习理论

体验学习理论又称"体验教育"，发源于杜威的"经验学习"理论，大卫·库伯是这一理论的集大成者，其核心观点是：学生通过实际体验获得直接经验并将直接经验转化为社会知识，进而获得全面发展的顿悟过程。"新课改"背景下国家提倡实施素质教育，以提高创新精神和培育实践能力为核心内容，要求教师树立以生为本的教育理念，打造理论与实践紧密结合的教育模式。体验式学习理论在此背景下从理论转化为实践，教师引导学生在体验中学习新知识，在体验中检验旧知识。同时，通过体验开发利用乡土文化资源，发挥学生潜能和综合素质，在乡土实践活动中促进学生个性的全面发展，乡土文化资源无疑是沟通校内外课堂的隐性桥梁，让立德树人落地有声，让活动型学科在活动中实现核心素养的培育，开阔学生眼界，增强学生家国情怀。这种曾被忽略的课程资源的应用对于教师和学生而言都具有创新意义，既能提升教师教研能力，又能提升学生自主能力和创造能力，进一步深化体验学习理论。

四、潮州文化融入中学教学的价值

（一）活化教材内容，拓宽教学资源的需要

长期以来中学课程资源往往局限于现有的教材资源，而忽视了学生本来很熟悉的乡土文化资源。在潮州地区，潮州文化资源的融入可以使中学教学资源得到充实，教学方法和教学思路也随之有所拓展和丰富，拓宽了学生学习的外

延。当下中学教师在遴选教学素材时，习惯于将目光锁定于简捷直接的教参书上，前者具有代表性，节省大量精力，但这种教学资源与学生生活联系甚微，如果中学课程资源局限于此，教学效果很难有明显改善。而让学生倍感亲切的潮州文化资源，贴近学生情感和现实体验，能够促进教学的针对性，潮州文化资源刚好能弥补中学教学资源匮乏与不足的问题，将一些抽象的知识形象化。因此，适时、适度地融入潮州文化资源能够将枯燥的理论内容趣味化、生动化。在当今社会，学生容易被多元化的文化所吸引，教师在选择教育内容时取材于学生熟悉的潮州文化，那么学生无论是对教育内容的理解与把握还是对课堂学习的兴趣和积极性都会有显著的提高。

（二）唤醒文化记忆，增进"归属感"的需要

历史上在漫长的农耕经济主导的社会进程中，中国人在浓厚的乡土氛围中成长，骨子里刻上了乡土的印记。这种印记成为影响他们成长的最原始的文化因素，是民族不断繁衍、发展的原动力。在当下现代化建设进程中，进行潮州文化的熏陶可以激发学生对故乡和祖国的热爱之情，鼓励他们将这种热爱之情转化为建设家乡、报效祖国的不竭动力。

每一所学校的发展都依赖于其所在乡土的文化熏陶，乡土文化既滋养了该学校的特色发展，又增强了该学校的生命活力和学生的素质发展。当青少年离开他们生活了十几年的故乡外出读书、工作后，逐渐与村落、与土地疏离，那份因土而生的乡土文化成为思乡之情的寄托，连接着乡土人的根和故乡的情。乡土文化教育的缺少使得青少年对乡土文化的记忆是碎片式的、表象化的，因而也失去了文化回忆，失去载体的乡愁无法排遣，其中蕴含的优秀传统文化也可能难以传承。因此，在教学过程中，如果将潮州文化作为教学资源融入中学课程教学，那就可以培养学生热爱家乡的情感，开阔学生视野，拓宽学生的知识面，陶冶学生的情操，促进学生健康发展。将乡土教育与德育相互交融，既能增强德育实效又能帮助学生获得体系化、深层次的文化记忆，又能使其找回归属感。因此，在中学课堂中巧妙地融入潮州文化资源是扎根本土、深植时代的现代化教育，是维系青少年乡土情结的重要手段，是培育学生亲情观念、家国情怀的重要枢纽。

（三）增强师生互动，转变教师角色的需要

在挖掘和应用乡土文化资源的过程中无形地促进了师生的良性互动，教师引导着学生用善于观察的双眼和勤于思考的大脑挖掘所在家乡的乡土文化，在丰富多彩的乡土实践活动和课堂合作与讨论中增强师生互动，让师生关系趋于民主化。著名教育学家苏霍姆林斯基《给教师的建议》中说过："让学生体验到一种自己在亲身参与掌握知识的情感，乃是唤起少年特有的对知识的兴趣的重要条件。"潮州文化资源的开发和应用过程都是教师和学生双方共同参与的过程，因为教师的教学目标和学生的学习目标具有一致性，潮州文化资源的融入，使师生以无形的纽带联系在一起，实现师生互动，对培养学生乐于探究、勤于探索能力起到了重要的作用。在上课前，教师给学生布置潮州文化资料搜集与整理的任务，师生共同挖掘具有教学价值的潮州文化资源，这一过程既能让学生主动去了解潮州的乡土文化，激发对家乡的热爱之情，又能在学生甄选与教材内容相契合的潮州文化资源的过程中，起到预习教材的效果。这种前期的共同参与使得课堂上每个学生都能有话说，都能参与到问题讨论与知识学习的过程中，使得课堂不再是"沉默的课堂"，而是师生热情互动，学生在教师的指导下主动学的过程。潮州文化资源的融入，让教师不再是理论上的灌输者和课堂上的独唱家，让学生能够作为课堂自主学习的主体，教师一步步引导学生，在学生遇到疑难时清楚他们要解决的问题，基于具有一致性的教学目标和学习目标，使得课程教学更加符合教育教学理论和新课标要求。

五、潮州文化融入中学教学的策略

（一）挖掘潮州文化之精髓，融入教学管理过程

潮州文化作为中华优秀传统文化的有机组成部分，兼具中华文化许多共同的文化基因，诸如勤劳勇敢、吃苦耐劳、坚忍不拔、精益求精等。因此，挖掘潮州文化的精髓，有机融入学校教学管理体系中，有利于传承和弘扬潮州人爱国爱乡、勤劳刻苦、开拓冒险、团结互助等人文精神，营造特色文化氛围，实现学校教学管理的新突破、新发展。

将潮州文化中精细化管理传统运用于教学，把教学工作做"精"做"细"。学校实行年级组负责的教学管理制度和学科组教学质量把关制度，各年级各学科设置备课组，各学科都有固定的校本教研和交流时间。同时，严把课堂教学关，学校制定了《宝山中学教学常规要求》《宝山中学教学常规实施细则》等规章制度，全面落实教学过程的各项要求，形成以抓"集体备

课""课堂效率""知识过关"为主体的教学管理模式，优化教学过程。针对学生的实际情况，学校坚持"面向全体、着力中层、分类指导、全面发展"的原则，通过几年的实践探索，逐步完善分层教学的新模式：尖子生和学困生分类指导、分科辅导、分级推进，确实解决学生个体的差异性、多层次性和统一教学之间的矛盾。学校通过不断探索分层设标、分层训练、分层指导，坚持标准、综合评价的新路子，让不同层次的学生经过努力，都能提高自身素质水平，实现综合发展。

将潮州文化中的团结互助、注重合作精神贯穿于教师教学过程之中，重视发挥老教师的"传帮带"作用。学校在教师任课人事安排上都充分考虑到如何发挥教师之间的"传帮带"作用，在安排上做到新老结合、中青结合。学校的集体备课做到四定，即定时间、定地点、定内容、定中心发言，备课组统一备课，统一上课内容，互相听课，取长补短。为提高教师课堂教学能力，学校在青年教师中举办示范课、观摩课、优质课的评比活动，促进青年教师成长。同时，学校制定了青年教师培养制度，分三年时间完成学校在职教师的培训工作，还积极推荐各学科教师参加国家、省、市级网络骨干教师培训及其新课程培训，不断提升教师的专业水平与能力。

将潮州文化中的勇于创新、开拓进取精神融入学校教学管理研究，学校注重多重校本教研模式并行，促进教师专业发展。例如课题推进型校本研究模式，教学改革的重点之一就是优化课堂教学，提高课堂效率，而优化课堂教学的重点则在于构建新的教学模式和转变传统的教学方式。学校在实施新课程的同时，努力转变传统教学方式，寻求学习方式的新路子，努力探索新高考备考模式。通过对课题的研究，学校在化解教学瓶颈、重建教学范式等教育教学改革上有所突破，有所创新。

（二）改进课堂教学环节，渗透潮州文化教育

2020年10月，习近平总书记在潮州市考察时高度肯定了潮州文化在岭南文化和中华文化体系中的地位。学校是传承优秀传统文化的重要阵地之一，学校要充分发挥课堂主渠道作用，通过课堂教学，挖掘潮州优秀传统文化的丰富内涵，运用潮州文化资源培育中学生的家国情怀，激发中学生的爱国情怀，树立其文化自信，促进学生全面健康的发展。

在课程教学中，政治、历史、语文等人文学科更适合与潮州文化融合，

凸显学科的人文性，拓宽学生的文化视野。首先，在课程教学环节安排上，教师在新课讲授时可采取课前导入法，通过精选一些具有代表性，能让学生产生亲切感和求知欲，也能突出本地文化底蕴的地方文化资源，如学生熟悉的家乡红色文化、地方名贤、地方特色文化（如潮州饮食文化、潮州陶瓷文化、潮侨文化）、历史遗存、历史事件等本土文化资源，拉近学生与地方文化之间的距离，并在近距离感受潮州传统文化、革命文化、先进文化的同时使学生的家国情怀得到熏陶与升华。其次，在课中，教师可以利用课中插入法，选择一些有助于学生理解晦涩难懂的知识点的潮州文化资源。在实践中，可以将杰出历史人物、历史文物、风俗习惯、历史改革等潮州文化资源在课中插入，增加课堂的亲切性和鲜活性，突破教学重难点，进一步达到事半功倍的效果，其中家乡杰出历史人物尤为合适。家乡优秀的历史文化人物是某个时代的代表与经济文化的体现，了解了这些优秀历史人物的精神和思想，就可以把握特定时代的脉搏。在此过程中，即使教师的教学重难点得以突破，也涵养了学生爱国爱乡的价值观，增强学生的民族自信心和自豪感。最后，在课堂总结环节运用潮州文化资源，可以实现情感的升华。作为整个课堂活动的总结部分，其作用不言而喻。教师可以用潮州文化资源来升华主题，总结梳理课堂重点知识，带领学生感悟潮州文化资源背后蕴藏的家国情怀主题。总之，在中学课程教学中，不管是运用课前导入法、课中穿插法或者结课升华法，教师要有意识地把潮州文化资源与课本相关知识相结合，提高学生的学习兴趣，帮助学生树立正确的"三观"，促进学生传承潮州优秀传统文化，增进其家国情怀。

（三）综合运用多种教学方法传承潮州文化

在课程教授过程中，教学方法不单单有讲授法，教师应当充分发挥学生的主体性作用，结合学生的具体实际，融合多种教学方法，提升学生的课堂参与度，让学生主动参与学习研究。在实践过程中，讨论法与探究法更契合中学生的需求。

讨论法是教师在讲授潮州文化教学时，通过设计与潮州文化相关的主题，并指导学生围绕该主题进行思考探讨的教学方法，此方法有利于调动学生积极性，启发学生围绕潮州文化相关的话题进行思考和讨论，有利于培养学生的思考能力及表达能力。在中学学段，教师适合运用此方法进行潮州文化与课程的融合教学。中学阶段的学生自主学习性较强，能较为积极地投入讨论中，教师在运用此方法时，应该根据潮州文化的特点提出具有吸引力的问题，指导学生围绕问题搜集相关的资料或调查，提出讨论的要求，学生讨论结束后，教师应该进行小结，并且鼓励学生的讨论行为。如布置一个话题"我最喜欢的潮州名人""我最欣赏的潮州景点""我最爱吃的潮州美食""我最喜欢听的潮剧"等，引导学生小组讨论，积极阐述自己的观点，让学生在小组内相互讨论，鼓励其畅所欲言，这不仅有助于锻炼其口语交际能力，也有利于拓展学生的知识面，让学生在学习中感受潮州文化的博大精深。

研究法是指学生在教师的指导下通过自主探索来发现问题、解决问题的一种方法，中学学段的学生拥有较为自主的学习能力与较强的分析能力。教师在运用此方法进行潮州文化的渗透教学时，应该引导学生发现问题，鼓励学生围绕问题进行一步步探究。在课程标准中积极倡导自主、合作、探究的学习方式，因此教师应该尽可能地鼓励学生自主探究。教师让学生课后积极观察乡村生活，观察身边的风俗习惯，并且提出观察的要求，让学生记录观察，包括观察过程中发生的有趣的事、听见的有趣的话、突发奇想的想法等，把自己最想写的内容写下来。教师也可以让学生上网搜集图片或文字来辅以调查研究，让学生通过对家乡文化的观察和研究及网络搜集的资料来发现潮州文化的独特性，并通过小组交流及班级讨论来感悟潮州文化之美。

（四）凝聚力量，建设潮州文化课程资源库

要真正发挥潮州文化在课堂教学中的作用，一方面，教师需要根据学情和教学课标，整合丰富多彩的潮州文化资源，设计出符合中学生的身心特征，形象生动的教学内容。潮州文化资源具有直观性的特点，教师在运用的过程中，要注意借助视频、图片等多种方式，设计出能建构学生知识体系的教学内容，涵养学生家国情怀素养；另一方面，在充分发挥教师的主导地位的同时，要尊重学生的主体地位，让学生积极参与文化资源的开发与利用，让课堂成为学生分享成果的交流场所。教师可以以潮州文化资源为课题，让学生成立学习研究小组，自主开展合作式学习探究活动，如潮州侨批、潮州名人事迹、潮州抗战遗址、潮州传统工艺、潮州美食的实践考察，这对于提高学生的主观能动性，激发学生探究欲望，提升学生的创新、判断、分析、合作等能力具有重要作用。

学校应对潮州教学资源开发利用的相关项目的大力支持，特别是重视对教师队伍的培养，通过多种手段提升教师开发和利用潮州文化资源的能力，如开展讲座培训、潮州文化研讨会、数字技术培训等。在当前的教育背景下，学校生存和发展不仅仅依靠升学率，更重要的是要有核心竞争力。为此，学校需鼓励教师在教学中融入乡土文化，开展有关文化传承与发展的教学活动，定期邀请家乡名人进校演讲。校园在布置上体现本土文化特色，进而形成学校的特色文化品牌，提升学校文化软实力。

为使潮州文化有效融入课程教学，学校还需要凝聚各部门力量，形成资源开发合力，丰富潮州文化课程资源库。在实践中，要充分发挥网络技术媒体的作用，如各级文化部门联合中学一线教师，建立潮州文化资源网络平台，在相关平台发布潮州文化的相关历史文化资料，如潮州专题系列等影视资料、潮州文化史资料、潮州地方文化读本，方便一线教师课前分类整合，课中运用。同时，及时整合发布最新潮学研究动态、潮州文化史专家讲座视频与资料、优秀一线教师教学课堂实录、各地地方史教学实践论文成果等各方面内容，供广大一线教师学习和借鉴参考，提升其课程资源开发的能力与水平，为建设潮州文化课程资源库贡献力量。

参考文献：

[1] 李国宏，齐玉龙，齐梅.安徽地域文化的现代教育价值开发与利用研究［J］.吉林省教育学院学报（上旬），2013，29（4）：81-82.

[2] 杨秀琴.基于地域文化融于农村小学德育教育初探：以重庆市渝北区华蓥山文化为例［J］.科学大众（科学教育），2015（9）：96.

[3] 王艳琴.地域文化教育进入语文课程的教学分析［J］.科技资讯，2013（12）：186.

[4] 付蓉.地域文化视野下历史课程资源的开发与利用：以吴越文化为个案［D］.长春：东北师范大学，2011.

[5] 刘希媛.潮汕地域文化资源应用于小学语文课程中的现状及策略研究［D］.广州：广州大学，2018.

[6] 陈三鹏.校史、校友：大学生素质教育的资源宝库：以韩山师范学院为例［J］.韩山师范学院学报，2007（2）：76-81.

[7] 李赛娥.潮汕文化进课堂的实践与思考［J］.中学历史教学，2016（12）：43-45.

［8］周銮君，黄晓坚.潮侨文化融入高中历史课堂的探索：基于培养学生历史核心素养的视角［J］.韩山师范学院学报，2019，40（5）：80-85.

［9］梁玲玲，陈海忠.中学历史校本课程《潮汕历史文化》的开发［J］.韩山师范学院学报，2019，40（5）：86-92.

［10］邹旭明.开发地方课程资源：弘扬潮汕文化［D］.武汉：华中师范大学，2007.

［11］卢梭.爱弥儿［M］.李平沤，译.北京：人民教育出版社，2001.

［12］赵祥麟，王成绪.杜威教育论著选［M］.上海：华东师范大学出版社，1981.

［13］钟启泉，张华.世界课程改革趋势研究：课程改革专题研究［M］.北京：北京师范大学出版社，2001.

［14］李丽.我国中学乡土史教育问题研究［D］.开封：河南大学，2014.

［15］李铭鸿.论陶行知生活教育理论在中学语文教学中的运用［J］.鲁东大学学报（哲学社会科学版），2019，36（6）：77-82.

［16］孙培青，李国钧，金林祥.中国教育思想史第三卷［M］.上海：华东师范大学出版社，1995.

［17］汤娜.摭谈道德与法治教学中情境教育的实施［J］.甘肃教育，2019（20）：119.

［18］郭姣姣.书院制：高校第二课堂教育实践的新思路：基于大卫·库伯的体验学习理论视角［J］.高教学刊，2019（24）：8-10.

［19］索晓霞.乡村振兴战略下的乡土文化价值再认识［J］.贵州社会科学，2018（1）：4-10.

［20］郑洪蕴.也谈思想政治课程资源的开发与利用［J］.中学政治教学参考，2017（25）：41-42.

［21］吴俊峰.中学数学学生学习兴趣的引导和培养［J］.科教文汇（下旬刊），2011（18）：107-108.

潮州文化融入中学学校德育管理
研究的论证

潮州市潮安区宝山中学　张鸥

一、研究背景

习近平总书记在庆祝中国共产党成立100周年大会上提出："全面贯彻新时代中国特色社会主义思想，坚持把马克思主义基本原理同中国具体实际相结合、同中华优秀传统文化相结合"，这为运用优秀传统文化于当代社会管理提供根本遵循，具体有两点：一是学校德育管理是社会管理的一部分；二是潮州文化是中华优秀传统文化的一部分。

学校德育需要依靠一定的载体支撑，以实现文化育人的目标。潮州文化具有鲜明的地域文化特质，对学校德育具有重要的启迪作用。这种文化特质渗透在潮州地区的生产生活当中，潜移默化地影响着一代又一代的潮州人。潮州这种文化特质，大致可以用"崇文、坚韧、精致、重商、开拓"来高度概括。韩愈治潮，开启了潮州崇文之风。韩愈治潮虽然仅有短暂的八个月，却让儒学文化在潮州这片土地上落地生根。坚韧不拔，追求精致，挑战自我，是潮州人祖祖辈辈流传下来的传统美德。以潮州工艺美术作为典型代表，其传统工艺复杂，技艺精熟，是潮州文化的重要载体。潮州文化这种独有的地域文化特质，是广大潮州学子亟须传承弘扬的精神品质，这高度契合学校德育的目标，是学校德育管理的宝贵文化资源。

2020年10月12日，习近平总书记在视察潮州时指出："潮州文化具有鲜明的地域特色，是岭南文化的重要组成部分，是中华文化的重要支脉。以潮绣、潮瓷、潮雕、潮塑、潮剧和工夫茶、潮州菜等为代表的潮州非物质文化遗产，是中华文化的瑰宝。"高度肯定了潮州文化在岭南文化和中华文化体系中的地位。牢记习近平总书记的嘱托，作为学校管理者，如何基于当地教育实际情况，促进学校德育管理与中国特色社会主义文化相结合，构建完善的地方学校学生思想道德教育管理体系，成为当前亟待解决的重要课题。作为中国特色社会主义文化的重要组成部分，开发潮州地域文化资源，放大潮州文化优势，实现潮州优秀文化资源的配置，将其融入本地中学德育教育管理，既能适应学校的办学理念，又能发挥优秀潮州文化的育人价值，满足新时代下中学德育教育管理需求，这无疑是当下潮州各大学校管理者的工作重心。

二、研究意义

（一）帮助学生树立正确的"三观"，提升学生的思想道德素质

潮州文化是一种重要的德育资源。学校利用潮州文化对学生进行思想道德教育，能够提高学生的思想道德素质，培养他们对国家、对民族、对人生的理性认识，激发学生的家国情怀，丰富的学生情感及精神世界，提升其思想道德素质。

（二）激发师生爱国爱乡之情，增强历史责任感

潮州文化中不乏爱国爱乡的德育资源，尤其是先人经艰辛创业缔造的海滨邹鲁；潮州黄冈起义等反帝反封建斗争的坚决开展；许雪秋等革命仁人志士的英雄气概；众多海外潮人积极返乡投身革命、投资办厂、捐资办学的义举等。开展潮州文化进校园活动，把潮州人爱国爱乡的精神和行动传递下去，引导学生将文化观念根植于中华博大精深的文化沃土，根植于潮州大地，激发学生爱国爱乡之情。

（三）培养学生求真开拓的精神

陶行知曾说"千教万教，教人求真；千学万学，学做真人"，学校德育教育尤其注重培育学生求真开拓的精神。潮州文化中的潮商文化，独有的开拓冒险的精神特质，由于战乱和自然灾害，潮汕先民乘船出海谋生，他们临危不惧，顶风而上，在异国他乡，举目无亲，一切从零开始，到最后站稳脚跟，落

地生根，开花结果，这就是开拓冒险、自强不息精神的写照。而我们的学生，恰好需要这么一股开拓冒险、自强不息的精神，才能真正懂得如何去争取，去实现人生价值，这也是学校"教做真人"的真正意义所在。

（四）培养对社会有用的人才

在中学教育中，作为教育主体的中学生，其世界观、人生观、价值观尚未成形，具有可塑的教育空间。为此，学校要抓住教育时机，引导中学生扣好人生的第一粒扣子，帮助中学生健康成长。这就要求学校在教育工作中要践行德育工作理念，巧用德育方法，将德育工作做实做细，充分发挥学校德育的显性与隐性功能，把立德树人的根本任务落到实处，真正实现以德育人。潮州文化有着丰富的道德教育资源，浸透着优良的传统美德，包括尊老爱幼、勤俭节约、文明礼貌、和谐和合等。将传统潮州美德，融入学校德育管理，可以有效地规范青少年的言行和促进青少年的语言美、行为美，使学生保持一份纯真与善良。同时，由于学校地处农村，学生的生源与城区相比，存在着明显的差距，因此，学校教育定位不仅是提升学生的智育，更重要的是培养学生良好的道德品质，以更好地为社会培育真、善、美的人才。

三、研究综述

（一）概念界定

1. 德育

樊洁在《中学校园文化德育功能实现路径研究》（硕士论文，2020年）一文中指出，德育是一种活动。根据德育活动开展的场域来看，德育可以分为家庭德育、学校德育和社会德育。其中，学校德育是限定在专门教育机构——学校开展的德育活动，是德育活动中最重要、最正式、最常见的活动。学校的德育教育是指学校根据社会层面的标准，对学生开展有目标、有方案、有布局的影响，使学生具备教师期望中的品德。

樊洁认为在烦琐的教育系统中，德育始终处于核心与灵魂的地位。要谈德育的内涵，就离不开德育理论体系的渊源。对于我国德育理论体系的渊源因不同时代和不同国度的差异，德育概念有内涵与外延的区别，显得十分复杂并难以达成共识。归纳起来，目前大致有以下流派：一是儒家道德修养说；二是西方近代德育理论渗透说；三是苏俄德育理论影响说；四是中国共产党革命根据地开辟以来的人民教育传统说。事实上，西方社会于18世纪后半叶便开始使用"德育"这一概念。1860年，英国斯宾塞的《教育论》中首先提出了"德智体"三方面教育的理念，从此德育一词逐渐被学者所引用成了一个教育专业术语。我国著名教育家陶行知先生在《中国教育改造》一书中关于学生自治问题谈道："近世所倡的自动主义有三部分：一、智育注重自学，二、体育注重自强，三、德育注重自治。"在这里，他明确使用了"德育"概念，并把它看成整个教学不可分割的重要组成部分。对于德育范畴的具体理解与界定不同的角度，对德育有着不同的理解，故此会有不一样的结论，这些不同是因为德育观的不同而表现出来的，在实践过程中也会有不一样的反映。德育具有广义层面和狭义层面的两方面理解。广义的德育是指教育人员根据社会和阶层的标准，对接受教育的人员开展有目标、有方案、有布局的教育影响，将社会层面的政治、思想、道德、法纪和心理方面的标准规范内化为受教育人员各方面的素质。狭义的德育是指思想品德教育与人生观教育。由此不难看出，狭义的德育是广义德育的一个重要组成部分。不论是广义的还是狭义的德育，都是由人开展的一种活动，这种活动是为了形成一种品德，共守一种准则而开展的。

2. 潮州文化

潮州文化是在历代传承过程中不断发展而形成的汉文化的子文化，是本土文化与移民文化长期交融的产物，隶属于岭南文化，是古中原文化的遗存，是中华优秀文化的重要组成部分。潮州文化涵盖了地方方言、侨商文化、伦理道德、民俗习惯、宗教信仰、工艺美术、建筑民居等多个领域。"有潮水的地方就有潮州人"，昔日潮州人乘坐红头船扬帆出海，历经海上漂泊，外出谋生创业，从事割橡胶、搬运重物、开矿等艰辛工作，拼搏进取，创业成功后依然不忘初心，心系家乡，推动家乡慈善事业发展。侨商历来以"爱国爱乡、艰苦奋斗、重义轻利、无私奉献"的精神闻名于世。潮州侨商的拼搏创业史、慈善事业史及其鼓舞人心的精神力量，共同构成了广为流传的"潮侨文化"，激励着一代又一代潮州人民，努力拼搏、积极进取、心系家乡，奏响时代精神文明主旋律。弘扬潮州文化，显然符合中国特色社会主义文化发展和社会主义精神文明建设的内在要求。

3. 中学德育管理

张新兰在《关于中学德育管理的研究文献综述》（黑龙江科技信息，2013

年第5期）一文中以他者的视角归纳整理了中学德育管理的概念，具体表现为：赵翰章在《德育论》中认为，德育管理是组织、协调和控制德育在学校正确实施的过程；鲁洁，王逢贤在《德育新论》中认为，学校德育管理是根据一定的德育目标，通过决策、计划、组织指导和控制，有效地利用德育的各种要素，以实现培育人的管理活动；吴志宏在《学校管理理论与实践》中认为，德育工作管理就是在国家教育方针、政策、制度等的指导下，遵循德育工作基本规律，对学校德育活动进行规划、组织的过程，目的是实现学校德育目标，提高德育工作的质量。

（二）研究现状

1. 关于德育方面

目前关于德育理论相关领域文献较为丰富。现代西方社会语境下产生了各种德育理论学说，罗石在《现代西方德育理论综述》（比较教育研究，1999年第1期）中总结了影响较广的五大现代西方德育理论，包括理性主义和永恒主义、非理性主义和相对主义、实用主义和改造主义、新托马斯主义、当代人本主义等。

第一，理性主义，包括洛克的德育理论和永恒主义理论。洛克在教育上首次提出德、智、体和谐发展的新教育体系，其德育思想立足于为新的英国资产阶级培养新人，其主要思想见于他所著的《教育漫话》一书。洛克吸收了亚里士多德、阿奎那等前人的一些理论。他相信，道德品质的培养和身体一样也需要锻炼，即通过行为训练。永恒主义是当代西方德育理论的一个流派。永恒主义对教育的理解主要集中于德育方向，认为教育的目的在于"改善人"，使一切人都成为国家"可信赖的公民"——"民主公民"。永恒主义者反对杜威实用主义的"适应论"，认为杜威"适应论"的教育思想只是使年轻人适应环境，而不问环境的好坏，这是可悲的。美国永恒主义代表人物赫钦斯认为，每个人有作为一个人的职能，而且根据一个人的本性来说，这个职能应当在每个时代的每个社会都是相同的，那就是作为人而要求人的进步。教育的最终目的就是促进人的进步，使人的本性得到充分发展，使人真正成为自由的人。

第二，非理性主义和相对主义德育理论，这两个理论派别作为理性主义和永恒主义德育理论的对立面，在西方曾一度广泛流行。以德国叔本华、尼采为代表的唯意志论，以法国萨特为代表的存在主义，以奥地利弗洛伊德和德国弗洛姆为代表的精神分析学派，其道德思想都可归入非理性主义和相对主义德育理论。

第三，以布莱美尔德为代表的改造主义和以杜威为代表的实用主义在教育目的、教育方法和教学内容等方面的主张基本上是相同的。改造主义者和实用主义者一样，在实质上都是企图通过教育改良社会，挽救社会的危机。正如布拉美尔德所表述的，改造主义者不只是要求人们对每个信念进行彻底而自由的审查，而且还是为最大可能的多数人来接受它们而努力。

第四，以雅克·马利坦为代表的新托斯主义的道德理论，是以宗教教育理论的形式表现出来的，其思想基础建立在对于人的认识上，认为人的本质是灵魂和肉体的统一，而灵魂又是第一性的。人生来由于意志薄弱和不良倾向而带有"原罪"，只有通过学校教育，依靠基督赎罪，才能使"灵魂得救"。具体说，德育就是培养"真正的基督教徒"和"有用的公民"。

第五，自20世纪60年代以来的当代西方道德教育理论，认知发展道德教育理论的著名代表人物是美国心理学家、教育家柯尔伯格。他反对相对主义的道德价值观，主张建立普遍的道德价值。他设计了"两难故事法"用以测定青少年的道德发展水平和阶段，并提出了著名的道德发展"三水平六阶段"学说。据此他进一步提出，把道德判断的原则直接教给人们的方法并不可取，因为道德认知都是发自内心的，而变化又都是渐进的，因此，促进人们的道德发展要按照一定阶段和顺序来进行。价值观澄清理论的代表人物有美国的拉斯思、哈明等人。他们认为，人们生活在一个纷繁复杂的社会里，在每一个转折关头或处理每件事务时都面临选择。面临选择时人们都依据自己的价值观，但人们常常不清楚所持的价值观到底是什么就已做出了选择。因此，要创造条件，利用一切有效途径和方法帮助青少年澄清他们选择时所依据的内心价值观，并把其公之于众，这对他们进行正确选择，并付诸行动是有意义的。道德符号理论是英国威尔逊等人提出的，在西方影响较大。他们认为，在道德教育理论研究和实践操作过程中有许多混乱现象模糊了人们的视线，常使人们陷入烦恼之中。于是，他们从古希腊文字中选出一些单词的缩写形式作为符号，分别代表复合的道德概念之下的具体道德含义。逻辑推理价值观教育理论是由加拿大的库姆斯和美国的穆克斯等人共同提出的。他们认为，价值观教育应引入逻辑学知识，把逻辑推理形式应用于道德价值判断过程之中，是一种有效的教育途径。

他们还认为，道德推理过程应先确定公认的道德准则，在这一准则之下再确定事实本身，道德准则作为逻辑三段论的大前提，事实本身是小前提，这样就可得出合乎逻辑的结论来。完善人格道德教育理论是以美国的里考纳为代表的学派提出的。他总结了大量实际经验，并吸取了有关理论研究成果，认为完善人格包括道德认识、道德情感和道德行为三个方面。针对美国青少年道德状况，他提出了学校进行完善人格教育以及学校传授道德价值观的核心内容，他把尊重和责任作为学校普遍的公共道德核心。

2. 关于学校德育管理方面

近年来，在前人已有的研究理论的基础上，国内众多学者对学校德育教育理论进行了深入挖掘。吕树金在《当前中学德育理论之反思与展望》（科教导刊，2018年第1期）中提出，当前的学校德育理论研究有三个特点：一是虽然研究的理论术语各不相同，但道德本质、道德理性的相关理论诉求在一定程度上是相同的；二是各个学校都积极地对道德教育进行反思，抵制专制化、知识化，以及过于理性化的道德教学，希望学生能在德育教育中完善自身的人格，拥有向往生活的积极态度，这些教学希冀是共同的；三是德育理论在不断的发展中受到了经济全球化、信息化和多元文化的冲击，所以德育理论肩负道德教育的使命、承担的社会文化责任是共同的。杨雪在《基于立德树人的农村中学德育管理研究》[管理咨询（科技·管理），2021年第2期]中提到现阶段，立德树人理念在教育教学中具有非常重要的作用，教师要特别注重对学生德育素养的培养，塑造其真善美的人格。刘庆文在《强化三维融合　提升德育效果》（中学政治教学参考，2020年第29期）中提到提高德育成效，必须加强三维融合，即以管理维度为根本、教育维度为关键、衔接维度为保证，进而提升德育效果。余奇、蔺海洋在《学校德育生态化转向的价值意蕴、实践困境与构筑路径》[首都师范大学学报（社会科学版），2020年第5期]中提到，构筑学校德育生态化转向路径，理应厚植人性化的德育理念，彰显学校教育的人文情怀；构造协同化的德育过程，应激励学校育人的共生发展，营造生活化的德育情境，增强德育管理的外生效能。这些都为当下学校德育管理提供有益借鉴。

樊洁在《中学校园文化德育功能实现路径研究》（硕士论文，2020年）中提出，总的来说，由于每个地区的具体差异，学校的校情不同，所以每个学校的校园文化特点也不同，不仅在表现程度方面不同，在具体的侧重点方面也不同，但是他们的目标都大同小异，即重视研究分析校园文化在德育方面的功能。①注重道德层面的教育。②各式各样的开放式教育。③重视无意识性质的道德教育。现阶段我国的经济社会正处于转型的重要阶段，宏观环境中存在一些负面的因素，这导致青少年的德育受到了某种程度上的负面影响，而且还增加了学生德育方面的困难，青少年阶段的道德形成在很大程度上决定了其一生的道德品质。因此，该领域的学者对青少年的德育展开了全面的研究和分析，总结出当前国内德育教育的研究综述，现阶段德育管理主要在以下几方面取得了成果：第一，以该时代青少年的德育体制为前提，追求创建科学、协调、有效的体制结构。第二，以我国传统的德育教育为前提，利用传统的文化资源滋养青少年的德育教育。第三，以青少年为主要对象，研究分析解决青少年当前德育面临的问题，并进行了相应的试验。第四，探究分析了一些伟大人物的青年观，期望可以用科学准确的理论知识滋养青少年。第五，以学科教育为前提，研究讨论了怎样落实在学科教育中加入德育教育。

3. 关于地域文化、传统文化运用于学校管理方面

"在人类历史的进程中，每个地域都形成了其独有的文化。浓郁的地域文化氛围，不但营造了良好的社会文化环境，陶冶了人的审美情操，激发了人的创造能力。并在地域文化发展与变迁过程中，在继承与拓展的基础上，形成了博大精深的地域文化内涵。"肖泽元认为："地域文化是一个地区、一定区域内特有的传统文化，需要我们去学习、继承和发扬。地域文化一般在教科书中都没有呈现，学生在学校里通过学科教学是无法学习到的，更谈不上去继承和发扬，这就需要我们学校在常规的教育教学工作中渗透地域文化的教育，让学生在完成既定的学习任务的同时，了解本地区的地域文化，从而增强自信，从小树立起爱校爱家爱国的热情，促进地域文化的延续和发展。"陈志远在《传统文化与学校管理》（中学教学参考，2012年第27期）中认为我国传统文化源远流长、博大精深。传统文化中的法家、儒家、道家等思想，蕴涵许多哲学思想，对学校管理有重要的启迪。蒋斌在《教育：道家的境界，儒家的襟怀——凤凰中学借鉴传统文化建设文化校园初探》［启迪与智慧（教育），2012年第8期］一文中，从道家思想对学校管理的借鉴，儒家思想对学校文化的影响两个方面来谈传统文化对学校教育的影响，认为当今教育既需要加快国际化的进程，也要坚守自己的民族特色。林小芸在《闽南文化融入闽南高校德育工作的路径探析》（闽江学院学报，2022年第3期）中指出，闽南文化融入高校德育工作，具体而言，就是要利用闽南文化中的精神追求及其载体资源，对青年大学生进行有组织、有计划的教育实践活动，将闽南文化中的德育资源潜移默化地植入高校德育中，以春风化雨的方式深入青年大学生的内心，激发他们的道德情感，引导他们提升思想道德素质。具体的实现路径包括：创设闽南文化与校园文化深度融合的区域特色化育人环境；开设具有闽南文化特色的通识课、专业课和实践课；利用网络优势和新媒体技术把闽南文化融入高校德育工作；提升思想政治教育工作者将闽南文化融入德育工作的能力。

4. 关于潮州文化运用于课堂教学方面

在语文、思政、历史学科已有相关对结合潮州文化的论述，如刘希媛的《潮汕地域文化资源应用于小学语文课程中的现状及策略研究》（广州大学硕士论文，2018年）、陈三鹏的《校史、校友：大学生素质教育的资源宝库——以韩山师范学院为例》（韩山师范学院学报，2007年第2期）。李赛娥在《潮汕文化入课堂的思考》（中学历史教学，2016年第12期）一文中，侧重从实践角度谈地方文化在中学历史教学中的运用。周銮君、黄晓坚的《潮侨文化融入高中历史课堂的探索——基于培养学生历史核心素养的视角》（韩山师范学院学报，2019年第5期），从潮侨文化对培育高中生核心素养重要性入手，分析潮侨文化与学科核心素养的关系。梁玲玲、陈海忠在《中学历史校本课程<潮汕历史文化>的开发》（韩山师范学院学报，2019年第5期）中主要关注了校本课程的具体实施。在深度剖析潮汕地区区域历史与学情的基础上，设计出七个课时的课程内容及实施方案，分别阐述了七种地方文化如何与中学历史教科书密切配合，如何推动学生"家国情怀"核心素养的落实。

5. 关于潮州文化运用于学校德育方面

林树光、吴洁在《以潮州文化提升学生文化自信与核心素养的德育模式初探》（中小学教育，2019年第2期）一文中，提出要构建以学生文化自信和核心素养为目标的潮州文化德育模式，一要构建师生研究共同体，实现文化渗透，二要创设潮州文化德育课程，带动文化认同，三要开展多样活动巧妙引领，促进文化参与。庄崇生在《潮汕文化背景下中学德育教育研究》（中外企业家，2016年第34期）一文中，认为潮汕文化作为一种区域文化，能为中学德育教育提供不竭的资源，为人才培养提供强有力的精神动力和智力支持。

6. 潮州德育工作实践

教育部于2017年印发了《中小学德育工作指南》，指南中明确规定："大力促进德育工作专业化、规范化、实效化"。这为新时期学校开展德育工作提供"风向标"，学校要积极结合学生的成长规律，探索创新德育工作的方法和途径，着力增强德育工作的感染力与实效性，为学生的健康成长提供精神动力与道德支撑。

为落实教育部《中小学德育工作指南》的要求，潮州市中小学积极投入德育工作实践，主动探索德育工作的新模式、新方法。早在20世纪90年代，潮州市就在实践中总结出"齐抓共管，合力育人"的德育工作经验，并获得了全国德育工作先进市荣誉称号。近些年来，潮州市中小学德育工作接续奋斗，承接优良传统，不断拓宽德育工作的有效载体，积极探索德育工作的有效方法，构建"阳光德育"，实现学习即德育、活动即德育、生活即德育、艺体即德育、社会即德育的全过程育人长效机制。

潮安区宝山中学在继承潮州市"阳光德育"的德育模式基础上，积极挖掘新的德育资源，充实学校德育文化，创新学校德育方式，以生动化、艺术化的方式推广德育教育，借助学校特有的文化品牌，将陈伟南精神为代表的潮侨文化融入学校的德育管理之中，探索德育新路径，建设区域特色学校。

综上所述，目前学界已经有涉及关于传统文化应用于学校管理，以及潮州文化应用于课堂和德育等方面的相关研究，这为潮州文化融入中学学校德育管理研究提供了研究参考，但关于探讨潮州文化与中学学校德育管理的有效融入路径，学界并没有对其进行具体梳理和系统研究，这正是本书研究的旨趣所在，体现了创新性和可行性特征。它不仅有利于提升中学学校德育管理的内涵，而且对于潮州市中小学追求"五育并举、全人教育"，把学生培养成为"阳光向上、全面发展"的时代新人具有很大的参考和借鉴价值。

四、研究内容及主要创新之处

（一）研究重点与拟解决的关键问题

将地域文化融入校园德育管理是中学德育教育实现的一个有效途径，如何更好地发挥其功能以适应社会发展，跟上时代潮流，与教育改革方向相符合。本书的研究立足于发掘潮州优秀文化的育人功能，开发潮州文化资源，提炼潮州文化精神，探索潮州文化融入中学学校德育管理的有效途径，进而达到学校德育的目标，实现学校"教做真人"的办学理念，因此实现潮州文化和中学学校德育管理的有效衔接，提升中学生德育素质，成为本书亟待解决的问题。

探索和构建新时期学校德育工作体系，离不开对中华优秀传统文化的继承与发扬。潮州文化作为潮州人的根和魂，具备重要的教育价值。本书解决的关键问题是如何将潮州文化资源融入学校德育管理工作，挖掘潮州文化的德育价值，创新学校德育管理方式，提升中学生的思想道德素养，培养新时代好青年。以潮州文化作为切入点，探索潮州文化融入学校德育教育管理的发展模式和实践路径，以期为学校管理者宣传本土文化，发挥优秀本土文化的育人价值，建构德育教育管理体系提供相应的建议和方案，从而推进中学德育教育管理工作的顺利开展。

（二）创新之处

潮州文化源远流长，有着丰厚的历史积淀和厚重的内涵，是岭南文化的重要组成部分。当前，研究潮州文化的专家学者日益显著，潮学研究方兴未艾。认识到潮文化的价值，并将潮文化引入到校园中来，进行校园文化建设，发挥潮文化的育人功用，目前在潮汕方言区内，虽有个别先驱探路者发表了相关的论文，但总体而言，比较零碎，未能形成系统完整的理论，也并未构筑一个比较全面的体系。本书的研究，立足于挖掘潮文化的育人功用，并以此建立一个多维的结构体系，以学生喜闻乐见的各种形式，构建新颖的校园德育管理模式。

五、研究结论

潮州文化作为岭南文化的重要组成部分，孕育着无数的伟大潮人，国学大师饶宗颐、爱国实业家陈伟南等，无不是在这片沃土上成长起来，走向世界的。在他们的身上，我们可以看到潮商、潮侨共有的"勤劳""拼搏""团结""奉献""智慧"与"精细"这些特质。这种共有的地域文化，应该成为我们办学治校的文化瑰宝。潮州文化这种独有的地域文化特质，是广大潮州学子亟须传承弘扬的精神品质，它也高度契合学校德育的目标，是学校德育管理的宝贵文化资源，我们应深入发掘，将其作为校本文化，走特色德育之路。潮州市潮安区宝山中学就是由爱国实业家、香港潮属社团总会创会主席陈伟南先生独资捐建的一所区直属完全中学。在校本文化的挖掘上，我们将陈伟南先生的座右铭"人生的价值在于奉献，事业的成功在于努力"，以及先生爱国爱乡，勤劳拼搏的奋斗史作为教育实例和基础，确立了"爱国、立志、勤奋、创新"的校训，"立德树人，教做真人"的办学宗旨，"雨润物无声，教以爱为魂"的办学特色，"立德增才修能，成就有用之身"的办学目标等一系列校本文化。

在教育工作中，努力将这种文化精神输入到学校德育管理的方方面面。这不仅是文化传承的需要，更是落实立德树人的保障。每一名学校的管理者都要敢于并且深挖学校的校本文化，以校本文化为依托，走特色发展之路。

党的教育方针明确表示，"立德树人"是教育的根本任务。在我看来，学校教育由"教"和"育"两方面构成，"教"是内容，在于体现学校教育传授的内容，即解决教给学生什么的问题，是文化传承的表现；"育"是目标，在于体现学校教育培育的方向，即解决培养什么样类型学生的问题，是文化发展的表现，主要阵地就不单单局限于课堂教学，更多的是要通过学校的文化品质、文化特色来感染我们的学生，使之朝着我们的教育目标去成长。而不管如何，这两者的落脚点都指向一个共同的方向——国人文化属性。作为一名地道的潮州人，我觉得学校的德育应该以"地域文化（即潮文化）"为支点，走特色发展之路。以下就是我针对潮州文化融入中学德育管理路径的一些浅探。

（一）弘扬潮商团结精神，开展素质拓展活动

潮商之所以能够经久不衰，离不开攻难克艰、顽强拼搏的斗志，更需要抱团生存、合作共赢的经商智慧。"团结就是力量"是对潮商优秀精神的诠释，是我们宝贵的文化财富。我注重培养学生的团结合作意识，通过举办系列素质拓展活动，丰富学生的校园文化生活，提升学生的集体意识和凝聚力，以适应现代社会对"复合型"人才的需求。在学校素质拓展活动中，离不开社团的建设，通过举办多种多样的社团活动，活跃校园气氛，满足学生个性化发展的需要。以我任职的学校为例，学校目前各种各样学生社团近30个。每学期，学校均组织开展象棋、篮球、羽毛球、足球等社团竞赛，同时举办征文、绘画、书法、摄影等学生社团成果作品展，这些不仅能够舒缓学生的学业压力，而且能够帮助学生在活动中形成团结合力，强化其共同体意识。同时，还积极深挖"潮文化"的育人功用，组建了舞龙舞狮、二十四节令鼓、大吴泥塑等具有浓浓"潮味"的学生社团，让学生在社团中接受优秀传统文化的熏陶。在文艺活动和竞赛中，渗透弘扬潮商精神，培养学生团结合作的意识，凝聚团队智慧与力量，形成良好的精神品质；以潮商团结文化为纽带，创办多姿多彩的素质拓展活动，调动学生的积极性，培养学生集体意识，实现学生综合能力的提升。

（二）弘扬潮商精细文化，打造特色班级文化

潮商以"精打细算"名扬天下。"精细"，即精益求精，追求完美，是一种积极的人生态度。潮商精细的文化基因，为学校班级管理提供智慧启迪。班级要积极打造"精细"文化，把"精细"落实到每一处管理环节，精准到每一位学生，融入班级每一项管理工作中，这样才能营造秩序井然、温馨舒适的班级文化环境，让每一位学生感受到班级的人文关怀，增强学生班级认同感、自豪感，提高班级管理效率。这就要求在班级管理中，班主任要始终坚持"以班级为主阵地，以制度文化为依托，以行为文化为支撑"，共同筑牢班级文化阵地。首先，以班级为主阵地，立足整体，根据班集体的特点精心设计班级潮文化主题，打造专属班级文化，利用宣传栏、公布栏对本班文化主题进行宣传、展示。其次，要加强班级制度建设，充分发扬民主精神，与学生共同制定班级规章制度，确定班级管理目标。更要细化班级管理制度，如卫生管理、纪律管理、学习管理、奖惩管理等，促进班级管理精细化、制度化、规范化。最后，以行为文化为支撑，制定制度的目的在于执行，学生是班级的主体，是制度的执行者，班主任要引导学生规范自身行为，自觉遵守班规，积极参与班级建设，养成良好的行为习惯。在班级建设中，学生可以积极参与布置班级图书角、美化教室环境、设计学习园地、组织班级活动、组建学习互助小组等，形成良好的文化自觉。例如，学校每个班级都配置了书架，同时将学校馆藏的潮文化研究相关书籍发放到各个班级，倡导学生利用课余时间阅读相关书籍，用行动践行精细文化理念。这些都是从班级管理的细微处入手，传承潮商优秀文化传统的举措。

（三）弘扬潮商优良家风，实行"爱的教育"

潮商传统家风蕴含着丰富的道德教育资源，浸透着优良的传统美德，体现为爱国爱乡、尊老爱幼、爱人爱物等方面的内容。由于我校是乡镇中学，学生的生源与大城市相比，存在着明显的差距，因此，学校教育定位不仅是提升学生智育，更重要的是将传统潮商优良家风融入学校管理，以爱治校，使学生保持一份纯真与善良，以更好地为社会培育真、善、美的人才。

在具体措施上，我校通过整合和借助潮商丰富的家风资源，大力弘扬潮商优良家风，围绕"爱的教育"大力开展特色主题教育。首先，作为学校管理者，我定期为全校教师做师德师风专题讲座，结合自身从教的经历体会，着重强调教师对学生的"爱"不能因自己的权威地位而对学生施以一种"控制"，要学会主动关心，帮助学生解决实际问题；要学会肯定表扬，帮助学生建立信心，以宽容的心善待每一个学生，用爱心点亮学生的成长之路。其次，在全校积极推行"全员德育——学生成长导师制"。为此，学校成立了"全员德育——学生成长导师制"管理领导小组，负责对活动的管理和工作指导，同时，通过教师结对学生帮扶的形式，对学生的学习、生活、身心等全方位予以关注，帮助学生解决实际问题，在学校、家长之间架起沟通的桥梁，逐渐构筑起了学校—家长—班主任（教师）"网格化"的学校德育体系，让"爱"贯穿整个德育链条。最后，积极组织开展校园志愿服务活动。充分发挥共青团员、学生干部的示范引领作用，组织学生志愿者清除学校及学校周边存在的卫生死角或参加其他力所能及有意义的活动，引导学生践行志愿者服务精神，传递爱的力量。

（四）弘扬潮侨奉献精神，大力推行感恩教育

在潮汕地区，有不少潮侨秉承艰苦奋斗、诚实守信的精神，在事业上取得了成功。他们虽然身在海外，但始终关心国家发展，以奉献、感恩之心回报祖国和人民，得到了政府和广大人民群众的赞誉。

在德育管理中，学校要积极弘扬潮侨努力拼搏、甘于奉献、感恩祖国和家乡的精神，大力推行感恩教育，有利于形成全体学生勤奋读书、无私奉献的校园和班级文化，极大地促进了学校德育管理水平与能力的提升。我校充分利用校本文化资源，要求全体学生要把陈伟南先生从物质上和精神上给予的关心与支持化为原动力，用一种感恩之心努力学习，创造佳绩，学业有成之后回报社会。学校还把学习"伟南精神"与心理健康教育结合起来，把心理健康教育作为学校办学的特色之一，努力做到培养的学生既具有科学文化知识，又具有健康的人格。学校成为《中国学校心理健康教育行动研究》总课题"实验基地学校"，是潮安区唯一一个被授予"广东省心理健康教育示范学校"的单位。我校每学期都举办一系列感恩教育活动，以开展的"弘扬伟南精神，倡导侨商文化"主题活动为例，举办的活动有：一是开展主题班会。深入学习陈伟南先生先进事迹，深刻理解陈伟南先生"事业成功在于努力，人生价值在于奉献"的人生座右铭，倡导知恩感恩的潮侨文化，培养学生的责任意识和集体观念。二是设立班级图书角，开展读书分享会。学校图书馆统一配备陈伟南先生事迹、感恩教育等相关读物，在图书角上方张贴主题标语，班主任组织学生阅读《陈伟南的文化情结》等书籍，撰写学习心得体会，适时开展读书分享会，引导学生全面了解陈伟南先生炽烈的家国情怀，与学生共同营造感恩、书香、文明、和谐的校园人文氛围。三是参观陈伟南文化馆。通过组织学生观看馆中的文字、图片、实物、档案等内容，全面了解陈伟南先生个人的荣勋和业绩，激发学生爱国爱家爱校情怀，活动取得了较好的成效。

中华优秀传统文化博大精深，源远流长。在当今推行素质教育的大环境下，学校德育工作如何融入中华优秀传统文化，是学校德育管理研究的一个热点。将潮州文化融入中学德育管理对新时代全面提升中学生的思想道德修养，以"德"促行，培养农村中学生真、善、美的人格的重要思路，有着积极而深远的意义。

参考文献：

［1］张新兰. 关于中学德育管理的研究文献综述［J］. 黑龙江科技信息，2013（5）：194，20.

［2］肖泽元. 把继承和发扬地域文化渗透到学校教育中［EB/OL］.［2021-10-09］. https：//www. sohu. com/a/494041152_120984976.

借助潮州红色文化资源优化
高中历史课堂

潮州市潮安区宝山中学　陈佳春

红色文化资源是中学历史课程资源的重要组成部分。作为潮文化的发源地以及革命老区，潮州的红色文化资源非常丰富。将潮州红色文化资源融入高中历史课堂，教师要把握历史新课标，结合统编历史教材内容和学生的实际情况，灵活运用有效的教学方法，使潮州红色文化资源在课堂教学中发挥作用。

一、课前巧妙导入，激发学习兴趣

好的课前导入是一堂课成功的关键。课前巧妙导入，能够在课堂一开始就吸引学生注意力，调动学生学习的主动性，提高课堂的教学效率。课前导入有很多种方法，包括问题导入法、故事导入法、预习导入法等。

例如，我在讲授《中外历史纲要（上）》第21课"五四运动与中国共产党的诞生"时，就运用了问题导入法：当时潮州城的学生有没有响应五四运动？如果有，学生是怎样响应五四运动的？

实践证明，我设计的这两个问题，立即唤起了学生的好奇心，课堂气氛随之活跃起来。在他们看来，五四运动的中心主要在大城市，如北京、上海等地，而潮州作为一座经济欠发达的城市，很难与其联系起来。这是因为学生对地方史缺乏了解，加之统编教材不可能囊括各地区和民族的历史，所以造成学生知识视野狭窄，这也体现了运用地方史开阔学生史学视野的重要性。随着本课内容的推进，我在课堂上插入了有关五四运动在潮州得到传播，以及对当地学生产生影响的史料，通过探究性学习，激发学生学习历史的兴趣，既呼应了课前的导入，又有助于加深学生对这场运动的理解。

二、课中适当穿插，增强课堂实效

学生是课堂的主体，需要教师改进课堂教学方法，激活学生的思维能力，从而增强课堂实效。教师在课堂中适当穿插地方红色文化资源，则是一种有益的尝试。

例如，在《中外历史纲要（上）》第22课第二子目"工农武装割据开辟革命新道路"中，提到了"朱毛井冈山会师"的重大历史事件。我顺势抛出了三个问题："同学们，其实在井冈山会师前，朱德率领的南昌起义军，在位于今天潮州市饶平县上饶镇茂芝村，召开了一次重要的军事会议——茂芝会议。大家有了解过这个会议吗？如果有，请概述该会议的基本情况？该会议的胜利召开，对井冈山会师起到了哪些作用？"在我的引导和启发下，学生们就此展开了热烈的讨论。通过适当穿插茂芝会议这个重要历史事件，学生对于中国共产党早期领导人民军队经历了从南昌起义到井冈山会师的发展过程有了一个相对清晰的认识，有助于锻炼学生们的思维方式，加强他们对相应知识点的理解，激发他们缅怀革命先辈，立志报效祖国之情，提升了课堂教学质量。

三、课堂及时总结，促进知识升华

在课堂中进行知识总结，是一堂课教学必不可少的重要环节。一个精心设计的课堂总结，能起到画龙点睛的作用。

例如，我在讲完《中外历史纲要（上）》第24课"全民族浴血奋战与抗日战争的胜利"后，及时利用潮州红色文化资源帮助学生对本课知识点进行巩固和深化：潮州人民在当地党组织的坚强领导下，掀起了声势浩大的抗日救亡运动。据《潮州红色革命发展史》记载，仅潮安一县，在抗日战争时期，全县军民被日军残杀的共达8800多人，被酷刑虐待终生致残的800多人，饿死的6万多人……被烧毁的房屋3万余间，被抢耕牛等牲畜、财物不计其数。我通过将极具地域特色的红色文化资源引入课堂知识总结的教学方式，促进了学生对知识的掌握和内化，使学生真正感受到历史不再遥远，真切领略到家乡悠久和深厚的红色文化底蕴，增进对家乡的认同感和自豪感，增强了学生家国情怀，从而提升学生在课堂上的学习效果。

依托潮州红色文化资源优势，创设科学有效的教学情景，发挥红色文化资源立德树人、铸魂育人的功能，是构建魅力高中历史课堂的有益尝试。

［本文系广东省潮州市哲学社会科学"十三五"规划2019年度项目"挖掘红色历史文化资源，打造魅力高中历史课堂——以潮州市为例"（课题编号：2019-A-07）、广东省教育科学规划2022年度中小学教师教育科研能力提升计划项目"潮州文化融入中学学校德育管理研究"（课题编号：2022ZQJK124）的成果］

（本论文发表在《师道·教研》，2022年第11期）

文言文教学中多元价值体系的建构

潮州市潮安区宝山中学　黄立荣

从教以来，文言文教学一直是令我感到棘手的大难题。我曾做过调查，接近百分之九十的学生认为，文言文单元的教学最枯燥乏味。理由是古汉语生僻字多、艰深晦涩，常不知其所云。部分学生一上文言文课就无精打采昏昏欲睡。更有学生因不知学习文言文的意义和价值所在而嗤之以鼻。曾有一学生当众问我："老师，新文化运动不是提倡白话文写作吗？为什么百年之后，我们反而要习学文言文呢？我实在不知道现在学习'之乎者也'有什么用处？难道就只是为了高考多拿十多分？这难道不是一种倒退吗？"这个问题引起了我的深思。

的确，包括我在内的众多高中语文教师在讲授文言文时，有多少人不是以高考命题方向作为指挥棒，又有多少人不是按照字、词、句、段、人物形象、中心思想等呆板单一公式化的流程照本宣科呢？又有多少人能够深入挖掘文言文教学的多元价值呢？我开始细致研读语文新课程标准，深入学生当中，倾听学生的心声，并对自己的教学指导思想、方法方式进行了深刻的反思。我认为，语文教师的文言文教学的核心价值绝不仅仅是体现在试卷上的一个分数，更应当致力于建构多元的价值体系，包括"培植精神、拓宽视野和塑造人格"，切切实实提高学生的语文核心素养。

一、文言文教学应引导学生重读经典

近年来，随着"核心素养""整书阅读"等教学理念的倡导，许多教育专家学者呼吁语文教学改革，提倡多读经典著作。众所周知，国学启蒙系列，如《三字经》《弟子规》《幼学琼林》等，圣贤之道，如"四书五经"、老庄哲学，百家学说，乃至于二十五史、唐诗宋词元曲明清小说等经典莫不都是文言文著作。因此语文教师应该具备既立足教材，又超越课本的眼光和视角，引导学生以教材为基础，对与教材内容相关的文化典籍作精读或泛读指导，如讲授《鸿门宴》时就可引导学生去尝试阅读司马迁《史记》。同时，教师应当改革传统的教学模式，如采用体验朗读法、知识积累法、古今联系法、文白回译法、多媒体辅助教学法，甚至可以让学生模拟文言文当中的情境表演（如《苏武传》一文，我让学生分角色饰演李陵劝降苏武一段）调动学生学习文言文的热情，提高学生文言文的预读能力。学生在阅读传统经典著作的时候能够扫清障碍，畅通无阻，才能享受中国传统文化的饕餮盛宴，才能不断拓展自己的知识的深度和广度，既回应了新课标的要求，又锻炼了学生的文言语言表达能力，提高了学生的语文核心素养。

二、文言文教学应着眼于提高学生作文水平

适当引用古典诗词名句点缀其中可以增加文采，这已是在写作中公认的好方法，非但如此，入选语文课本的文言文大多语言精练工整，言简意赅，文采飞扬，内涵丰富，如《与妻书》《赤壁赋》等文。首先，如果语文教师能够以教材作为范文，引导学生去模仿文言文的遣词练字、骈偶句式，去其艰深晦涩，取其凝练隽永，进行练笔，将其与现代文进行无缝衔接，那么往往能收到意想不到的表达效果。如金庸先生的武侠小说享誉国际，其语言的一大特色便是融现代文采于文言文骈偶句式中从而营造典雅幽深的意境。如小说《倚天屠龙记》第一回描写郭襄的两段文字：

她腰悬短剑，脸上颇有风尘之色，显是远游已久；韶华如花，正当喜乐无忧之年，可是容色间却隐隐有懊闷意，似是愁思袭人，眉间心上，无计回避。

（郭襄）想到杨过，心头又即郁郁，这三年来到处寻寻觅觅，始终落得个冷冷清清，终南山古墓长闭，万花坳花落无声，绝情谷空山寂寂，风陵渡凝月冥冥。

这些文字，既通俗晓白又典雅多姿，雅俗共赏，读来，一股浓浓的书卷气息萦绕，将武侠小说的暴戾之气消释于无形。其次，文言文也有许多值得学生模仿借鉴的写作技巧，这也需要语文教师在讲授的过程当中予以指出，比如

《段太尉逸事状》一文中的侧面描写就相当出彩，以泾州兵残暴，以及节度使白孝德的懦弱无能，反衬出段太尉的勇毅正直；又如《石钟山记》一文，作者不但运用多感官描物法，同时还采用变换视角法，借景抒情也尤为成功。凡此种种，如果教师引导学生善加利用于日常写作之中，对学生作文水平的提高大有裨益，也能切实提高学生的语文核心素养。

三、文言文教学应承担传承中国传统文化的使命

语文新课程标准明确指出："对文言文教学价值定位为提高学生的文化素养，重视优秀文化遗产的传承"。中学教材中的文言文均是历代文言名篇，是中华语言、文化辉煌历史的一个缩影。内容多反映历朝历代的价值观念与文化取向，是中华民族精神的载体。当代人对中华优秀传统文化的传承与发扬最直接最有效的手段莫过于对文言文的研习。因此，语文教师不应该简单地把一篇篇经典肢解成为一个个知识点，教学目的也不能仅仅只是为了掌握几个实词、虚词，或是几个特殊句式的用法。这无疑是舍本逐末的。我认为，在文言文的教学中，语文教师必须合理拓展教学内容，既要讲授古汉语知识，更应为学生普及文史知识，培养学生的人文精神。教师应在讲授的过程当中有意识、有步骤地引导学生去了解历朝历代的文化潮流、天文地理、文士风流、礼仪制度、职官沿革、学校科举、典籍宗教、科学技术、姓名称谓、衣食住行等相关知识。比如讲授部编版语文教材选择性必修下册第一单元的诗词篇目时，不妨向学生讲授唐诗宋词元曲的流变过程及代表人物，使学生去领略李白"天子呼来不上船，自称臣是酒中仙"的飘逸不凡，杜甫"无边落木萧萧下，不尽长江滚滚来"的沉郁顿挫，稼轩"把吴钩看了，栏杆拍遍，无人会登临意"的慷慨激昂，和易安"帘卷西风，人比黄花瘦"的百结柔肠，追思这些古代文坛骄子的才子风流，绝代风华时，学生定是心驰神往的；如讲授课文《赤壁赋》时，可以适当向学生介绍长江三峡的地貌风光、风土人情，增加学生地理知识。因此，语文教师应将文言文教学当成是一座通向传统文化的桥梁，让学生可以曲径通幽，了解、传承和发扬传统文化。

四、文言文教学应该注重人文教化的功用

语文新课标明确指出："文言文教学目标就是在了解和欣赏中增进有关中

国古代社会的各方面的知识，借以提高学生思想水平，增强学生民族自豪感，激发学生爱国主义精神。"入选中学语文课本的文言文多是思想内容纯正的作品，内容反映的是历朝历代的价值观与文艺观，多为古人对于真善美理想的执着追求的表达，是优秀的人文启蒙范本。教师在文言文教学时还应该注意立足教材，着眼于现在，以古鉴今，对学生进行道德的感化陶冶，使学生树立正确的人生观、价值观，培养学生人文情怀，使学生在学到专业知识的同时又得到灵魂的洗礼。如讲授文天祥的《过零丁洋》时，可培养学生"国家兴亡，匹夫有责"的社会责任感和民族精神；如讲授《生于忧患，死于安乐》时，可培养学生自强不息百折不挠的坚毅品质；如讲授《鱼我所欲也》时，可教会学生做人应当有重义轻利，舍小我而成就大我的取舍观……另外，如教材中《谏太宗十思疏》《师说》等篇章无不是培养居安思危的忧患意识、见贤思齐的修身意识、乐观豁达的文化心态、尊老敬贤等传统美德的优秀文本载体。教师若能在文言文教学中重视学生的思想道德素质的培养，让学生浸润其中，体味涵泳，在潜移默化中受到熏陶、感染，自然会不断提高自身的思想道德水准，做到品学兼优。

当然，有人会提出疑问，在文言文教学中建构多元的价值会不会影响应试，毕竟建立较为完善的多元价值体系需要教师和学生花费更多的时间和精力。诚然，在高考仍是学生升学重要参考标准的客观现实下，教师倾向于常规的文言文教学流程也无可厚非，但在以"培养核心素养"作为主要教学目标的背景下，作为语文教师，我们是否应该在尊重现实教育客观现实的基础上，最大限度地弱化应试教育在文言文教学中的影响和束缚，让学生在新颖的教学方式下，从学习中获得多元的价值，激发自身学习的动机，调动自身学习的热情，从而变"为考试而学习"为"为个体内需而学习"呢？这显然是值得每一个语文教育工作者深思的问题。我近一段时期来尝试改变教学方法，在授课时根据文本的实际情况，对学生进行文言文技巧赏析、人文感召、风俗探究等专题的浅探研习，也取得了良好的成效，一些学生开始慢慢地喜欢上文言文，学习劲头更足，语文成绩也逐渐提高，更有效地实现了文言文教学应试价值。因此，我认为，构建多元的价值体系与高考应试两者并不矛盾，前者对后者是大有裨益的。

综上所述，我认为，中学语文教师，在进行文言文教学时，应该不断地反思，不断解放思想，更新教学理念，打破"教学就是为了考试"这一落后观念，创新教学模式和教学方法，建构文言文教学的多元价值体系，使学生真真正正从中国优秀的古典文化中汲取使其终身受益的营养。这也是我今后将致力探究与实践的一个重要方向。

"潮侨文化"融入中学学校德育管理浅探

潮州市潮安区宝山中学　卢继荣

一、"潮侨文化"与校园德育管理的关系

　　潮州市是国家历史文化名城和潮汕文化的重要发源地，具备大量优秀的文化资源。2020年10月，习近平总书记亲临潮州视察，强调潮州文化具有鲜明的地域特色，是岭南文化的重要组成部分，是中华文化的重要支脉。牢记习近平总书记的嘱托，开发潮州地域文化资源，放大潮州文化优势，实现潮汕优秀文化资源的配置，将其融入本地中学德育教育管理，做到既能适应学校的办学理念，又能发挥优秀潮州文化的育人价值，满足新时代下中学德育教育管理需求，无疑是当下潮州各大学校管理者的工作重心。

　　作为潮州文化名片，"潮侨文化"是潮州本土特色文化的重要标志。"潮侨文化"是指由潮汕侨商创造的，被潮汕人民广为传颂的，包括优秀侨商事迹、优秀侨商精神在内的特色乡土文化。"有潮水的地方就有潮汕人"，昔日潮汕人乘坐红头船扬帆出海，历经海上漂泊，外出谋生创业，从事割橡胶、搬运重物、开矿等艰辛工作，拼搏进取，创业成功后依然不忘初心，心系家乡，推动家乡慈善事业发展。侨商历来以"爱国爱乡、艰苦奋斗、重义轻利、无私奉献"的精神闻名于世。潮汕侨商的拼搏创业史、慈善事业史及其鼓舞人心的精神力量，共同构成了"潮侨文化"，激励着一代又一代潮汕人民，努力拼搏、积极进取、心系家乡，奏响时代精神文明主旋律。弘扬"潮侨文化"，显然符合中国特色社会主义文化发展和社会主义精神文明建设的内在要求。作为

中国特色社会主义文化的重要组成部分，优秀乡土文化的传承与发展有利于在新时代背景下坚定文化自信，体现文化担当。

中学学校是学生德育的主阵地。作为学校管理者，如何基于当地教育实际情况，促进学校德育管理与中国特色社会主义文化相结合，构建完善的地方学校学生思想道德教育管理体系，成为当前亟待解决的重要课题。我在这方面也做了一些浅探，以"潮侨文化"作为切入点，探索"潮侨文化"融入学校德育教育管理的发展模式和实践路径，为宣传本土文化，发挥优秀本土文化的育人价值，建构德育教育管理体系，推进中学德育教育管理工作的顺利开展。

二、"潮侨文化"融入校园德育的实践路径

1. 促使学校管理者转变传统管理观念，加强校园文化建设

当前，国家比过去任何时候都重视精神文明建设，国家投入大量资源，奖励优秀人物、表彰先进事迹、奏响鼓舞人心的主旋律。中学管理者可通过自主学习、集中学习等方式仔细品读潮州侨商的先进事迹，从中挖掘"潮侨文化"的内涵，并有机融入学校德育管理体系之中，贯穿于校园文化建设的全过程，促使他们转变传统管理理念，大力推行"以人为本"的教育理念，秉承和弘扬潮州华侨勤劳刻苦、团结互助等人文精神，加强校园文化建设，营造积极、健康、向上的校园文化氛围，不断提升全校师生的思想道德素养。以侨商李嘉诚先生为例，他在香港艰难创业并获得成功后，始终不忘回馈社会、反哺家乡，设立基金会，支持潮汕地区教育卫生基础设施建设，推进潮汕地区教育、医疗卫生等相关事业发展。中学管理者可以通过品读李嘉诚先生的先进事迹，学习其勤劳刻苦和以人为本的人文精神，转变思想观念，加强校园文化建设。

2. 帮助学生树立正确的"三观"，培养学生的感恩意识

所谓"三观"，指的是世界观、人生观、价值观。每学期，学校可围绕感恩主题开展丰富多彩的感恩教育系列活动，发挥潮州侨商的榜样示范引领作用。以我校为例。我校是著名旅港侨领陈伟南先生独资捐赠的一所侨校。陈伟南先生两次赴港谋生创业，艰苦奋斗，先后创办多家企业，创业成功后，心系家乡教育事业，捐建沙溪镇小学、宝山中学等项目。陈伟南先生先后为宝山中学建设科学馆、体育馆，扩建教学大楼、校运动场、学生宿舍等，推进家乡教

育事业蓬勃发展。学校可以号召全校学生学习以陈伟南先生为代表的海外侨商所具有的感恩祖国、感恩家乡、无私奉献的精神，引导学生在为人处世上要常怀感恩之心，要勇于奉献，不居高自傲，不计较个人得失，积极传递正能量，努力学习，大胆创新，争创佳绩，学业有成之后回报社会，积极充当"潮侨文化"的践行者。与此同时，学校还可以把学习"潮侨文化"与心理健康教育结合起来，为学生培植感恩种子，使学生既有知识和能力，又有健康的人格。

3. 激发学生爱国爱乡之情，增强学生的历史责任感

对于中学的德育工作来说，学校管理者应大力挖掘"潮侨文化"，把"潮侨文化"作为爱国爱乡的德育资源融入学校组织的各项活动之中，以增强学生的家国情怀和历史责任感。具体表现为：

首先，开展读书分享会。学校要引导学生利用课余时间阅读潮州华侨文化与潮州侨商故事相关的书籍，营造浓厚的校园阅读氛围，并指导学生撰写心得体会，适时举办读书会心得分享或诵读比赛活动，让学生在舞台上充分展示自我风采，使学生从中领略到潮州侨商的爱国爱乡情怀，引导学生争做具有家国情怀的道德榜样。

其次，举行专题讲座。中华民族上下五千年的历史孕育出优秀的"潮侨文化"。学校可邀请专家学者为学生举办专题讲座，畅谈潮州海外侨商的传奇人生经历。通过交流学习，学生在思想上能受到深刻的教育与启发，从中体会到海外潮商的多彩人生、为人处世的精神风貌，以及炽烈的家国情怀。

最后，参观华侨文化馆。潮州市有包括陈伟南博物馆在内的多所华侨文化馆，这些文化馆也成为"潮侨文化"的学习基地，是开展青少年爱国主义教育活动的重要场所。谈及潮汕华侨，"红头船""过番""南洋"等关键词数不胜数。新冠疫情暴发后，无数海外侨商更是心系家乡人民，纷纷捐款筹资，为潮州相关单位无偿提供疫情防控物资，支持相关部门和复工复产企业工作，这些侨商及其优秀事迹无疑是青少年爱国主义教育活动的生动教材。学校应坚持培根铸魂、启智润心的原则，组织学生前往华侨文化馆参观，将学习和传承"潮侨文化"贯穿于整个活动之中，通过讲解员现场讲解与学生深度参与相结合的方式开展研学活动，引导学生以潮州侨商为榜样，接受思想洗礼，陶冶学生爱国爱乡品格，激励学生奋发有为。

三、着力构造"潮侨文化"下的学校德育管理体系

正因为"潮侨文化"蕴含着丰富的德育资源，学校德育管理者可以因地制宜、因势利导开展德育管理工作，大力挖掘"潮侨文化"的内涵，将其融入学校德育管理体系之中。中学管理者可以借助"潮侨文化"转变传统管理观念，帮助学生树立正确的"三观"，培养学生的感恩意识，激发学生爱国爱乡之情，增强学生的历史责任感，从而全方位推动学校德育管理水平与能力的提升，以便更好地为社会培育真、善、美的人才。

参考文献：

［1］陈友义.传承与交融："潮侨文化"的文化机理［N］.潮州日报，2017-02-16.

［2］黄素龙.名人家风对高中生的教育意义：以陈伟南先生家风为例［J］.潮商·潮学，2019（10）：101-103.

（广东省教育科学规划2022年度中小学教师教育科研能力提升计划项目《潮州文化融入中学学校德育管理研究》课题编号：2022ZQJK124）

在学生社团活动中传承潮州优秀
传统文化研究

潮州市湘桥区意溪中学　谢树斌

潮州市是国家历史文化名城，潮州优秀传统文化深受民众喜爱，潮剧和潮州大锣鼓是人民群众喜闻乐见的艺术表现形式，每逢传统节日或是重大庆典活动，必定有潮剧、潮州大锣鼓的表演，伴有舞龙舞狮助兴，营造浓烈的节日氛围。

我校地处意溪镇，意溪镇是全国大锣鼓之乡，也是中国民间文化艺术（木雕）之乡，孕育着浓厚的地方特色文化，也拥有很多大锣鼓的民间艺人、木雕非遗传承人等。生活在本地的青少年耳闻目睹，在潜移默化中受到传统文化艺术的熏陶，许多学生是各村居锣鼓队中吹拉弹唱、敲锣打鼓的好手。得天独厚的地理位置和深厚的大锣鼓、木雕艺术文化积淀，为我校在学生社团中开展优秀传统文化教育提供有利条件。如何让学生近距离接触潮州优秀传统文化，了解潮州优秀传统文化的魅力和精髓，体验趣味性和文化性的深度融合，我认为必须做好以下几个方面。

一、理念决定高度，思路决定出路

为更好地在学生社团活动中传承潮州优秀传统文化艺术，学校必须成立以校长任组长，业务副校长为副组长，学科主任、教研组长和骨干教师为组员的传统文化传承领导小组，发挥引领作用，坚定文化自信，弘扬传统文化，让文化传承工作成为提升学校教育内涵发展的"特色引擎"，不断推动学校教学和学生社团工作的持续发展。

二、建立健全制度，确保有章可循

在原有学生社团管理制度的基础上，学校制定《学生社团开展潮州优秀传统文化艺术教育三年规划》（以下简称"规划"），《规划》中明确规定：潮州优秀传统文化艺术教育是以学生社团为主体，以点带面，条块结合，终极目标是面向全员，做到人人参与，通过学习，使每个学生具有较好的传统文化素养和一定的艺术特长。制定以课程实施为载体，以校园文化建设和潮州优秀传统文化艺术教育活动为动力，以经费投入和师资培养为保障的策略，形成"面向社团—形成体系—梯次培养"的教育模式。按照中华优秀文化艺术传承学校工作的有关要求，定期在学生社团中举办传承项目培训班、专题研讨会、成果展示，以及典型推广等活动，并对传承潮州优秀传统文化的项目开展情况定期进行总结等。这些，为学校在学生社团中开展潮州优秀文化艺术教育奠定了坚实的基础。

三、加强外引内联，提升帮扶力度

学校定期派遣各传承项目的负责人带队外出到深受潮州传统文化影响的香港、东南亚等地进行观摩，学习当地的经验做法，与当地社团、协会签订项目交流、合作协议。聘请当地社团、协会中技艺精湛、德才兼备的艺术大师，定期到学校为老师讲学，给社团的学生上示范课，广泛交流，形成常态互动。另外，因地制宜，充分挖掘和利用本地区优秀传统文化教育资源，与潮州市潮剧团、意溪大锣鼓、莲上木雕、大吴泥塑等民间艺人或非遗传承人签订协议，邀请本市弦乐乐团的师傅，以师徒模式或"传帮带"等方式传授传统技艺，商定于每周五下午学生社团活动时间来校上课，定期对本校潮剧、大锣鼓、木雕、泥塑等课堂教学进行指导。以此，借鉴和吸收国内外不同领域弘扬潮州优秀传统文化的新理念、新做法，提高学校学生社团传承项目的教学能力和课外活动水平。每学期开展一次学生社团活动研讨会和弘扬潮州优秀传统文化作品展示活动，吸引更多的学生参与，为学生社团注入新鲜的血液，为潮州优秀传统文化传承注入源源不断的新能量，提高学校传承艺术项目的知名度和社会影响力。

四、落实统筹兼顾，坚持有序推进

潮州优秀传统文化中的潮剧、潮州大锣鼓、木雕、潮绣、泥塑、麦秆画、嵌瓷、手拉坯茶壶等，作为美育的重要组成部分被纳入课堂教学和课外活动中，融入学校社团教育的全过程，共同发挥育人功能，助力推动潮州优秀传统文化的全面、深入开展。结合本校实际情况开发校本课程，组织传统文化传承领导小组成员编写适合教学的相应教材，创编题材趣味游戏，寓教于乐，使之适合不同年龄阶段的社团学生。有效地整合校内外资源，把潮剧，潮州大锣鼓、木雕、潮绣、泥塑、麦秆画、嵌瓷、手拉坯茶壶等课堂教学，社团大课间活动，参观名师工作室，近距离了解大师创作状态、技艺展示，观看名师艺术作品展览等结合起来，拓宽学生的知识面，提高学生的审美能力。制订翔实可行的实训和教学计划，循序渐进，有计划、有步骤地开展潮剧、大锣鼓、木雕、潮绣、麦秆画、嵌瓷、手拉坯茶壶等教学、科研、竞赛、文化交流，推进多元化校园传统文化特色活动的深入探讨和交流，让潮剧、潮州大锣鼓、木雕、潮绣、泥塑、麦秆画、嵌瓷、手拉坯茶壶等这些潮州优秀文化在学生社团中落地生根，开花结果。

五、创设校园环境，浓化文化氛围

特色鲜明、富有内涵的校园文化，能够对学生起着潜移默化的教育和熏陶作用，为浓化潮州优秀文化传承的氛围，学校要以潮州优秀传统文化为主题，进行育人环境的创设，整体规划学校环境建设，在绿地、道路标识牌、灯箱、主题雕塑等校园景观处刻印潮州传统特色文化；创设名人园和大型的潮州传统文化艺术雕塑；开辟艺术长廊、壁画廊、才艺展示馆等，为社团学生提供一片潮州传统文化艺术创设天地。学校用处处凸显潮州优秀传统文化元素的学校氛围，浸润每一个师生的心灵，让他们在浓烈的本土文化中得到熏陶和启迪，以此形成本校鲜明的潮州优秀文化艺术传承的特色和传统。

六、定期举办活动，拓展传承广度

每年举办一次校园文化艺术节，内容丰富，形式多样，突出学校传统文化传承项目的特色，以学生社团为主体，扩大在校学生的参与率，让每一位学生都能够找到自己感兴趣的领域，为学生社团活动提供一个集中展示才艺的平台，激发他们的自豪感，增强他们传承潮州优秀传统文化的信心和决心。在广泛开展潮州大锣鼓、木雕、潮绣、麦秆画、嵌瓷、手拉坯茶壶制作、工夫茶艺展示等艺术活动的基础上，学校力推主打项目，提升学生社团知名度，以此带动其他传承项目的发展壮大。学校还要创建校级品牌社团，让他们经常性地走出校门，代表学校到市、省乃至全国参加演出比赛、汇报交流。在活跃校园文化生活的同时，引导全体学生学习潮州优秀传统文化，深刻领会潮州优秀传统文化的精神实质，争做传播潮州优秀传统文化小使者，使传统文化得到新生的力量，以此保护和传承潮州的传统文化。潮剧、潮州大锣鼓、木雕、潮绣、麦秆画、嵌瓷、手拉坯茶壶制作、工夫茶艺展示等要跟随时代脉搏，在知识传授、技艺传承过程中，必须有意识地融入时代的积极因素，才能使潮州优秀传统文化焕发青春和活力，让悠久文化在当代中学生心中生根发芽，茁壮成长。

（广东省教育科学规划2022年度中小学教师教育科研能力提升计划项目《潮州文化融入中学学校德育管理研究》课题编号：2022ZQJK124）

潮州文化对学校推广"感恩教育"的启迪

华南师范大学附属潮州学校　刘耿逊

一、潮汕文化的内涵和精神

广袤的潮汕大地孕育了勤劳智慧的潮汕人民，他们在漫长的历史中艰难前进，创造出无比丰富的物质文明和灿烂的精神文明。独树一帜的潮汕文化洋溢着浓厚的感恩精神，凝聚着奋发向上的力量。

（一）海外潮人回报家国的感恩精神

有着独特地理位置的潮汕平原，濒临大海，加之悠久的历史、人文的影响，潮汕人逐步形成善于经商的风气。一部分潮汕人为了生存，漂泊异国他乡，勤奋打拼，求生立业。他们在到达异国他乡时，首要之事，便是借两个银圆寄回唐山（潮汕），他们不会忘记祭祀祖宗，不会忘记奉养回报亲人。他们只要有一点积蓄，就寄回家乡购买田地、房屋，以此获得乡人的赞赏；只要取得一定的成就，都会回乡建大屋祠堂，置家布业，扩大生意，救济贫困，建设家乡，投资教育，以此光宗耀祖惠泽乡梓。每一位漂泊异国的潮汕游子，都怀着祖国富强，家乡发达的愿望，把祖国的命运，与自己的命运联系起来，在潮汕侨乡中回报家乡光耀门楣蔚成风气。这些情怀无不体现潮汕游子的感恩精神。

（二）宗族文化体现了团结互助的感恩精神

潮汕人有强烈的宗族观念，因而潮汕人也具有团结互助、凝聚力强的特点。潮汕地区的乡村，多为同姓始祖，在时间推移中繁衍生息，发展起来，形成具有一定规模的乡镇。因此，很多村寨都具有地域性，都保留了原始的氏族标志，形成了强烈的自我保护意识。在家庭和村庄中，成员之间必须负起互相支持和帮助的责任，乡人在这种观念的影响下，自觉地遵循这种道德规范。地域和血缘关系是潮汕人强烈的宗族观念形成的根本原因，这宗族观念也体现了潮州文化中的感恩精神，懂得感恩，才懂得付出。

（三）潮汕习俗中祭奠先祖祝福长辈的感恩精神

潮汕人有过年习俗，每家每户在过年时都要吃团圆饭，连去世了的祖宗亲人也不能忘记。因此，在农历除夕夜，准备好团圆饭之后，第一件事就是祭拜祖先。祭拜祖先，就是在供桌上安放代表祖宗的香炉，接着烧香按长幼依序跪拜，口中念祷告语，既是请祖宗吃团圆饭，也是向祖宗祈求心愿。祭拜祖宗的仪式充分表现出潮汕人对祖先的敬畏感恩之情。祭拜仪式完成，把供品饭菜重新加热，在厅堂中摆桌围椅，一家人一起吃团圆饭。潮汕人的另一习俗是拜年，拜年的早晚是衡量诚意的标准之一。初一早晨，大家人起床穿新衣，首先是向家人拜年，按先尊长后平幼的顺序拜年祝福。

（四）潮汕工夫茶先人后己的感恩精神

潮汕人的日常生活离不开工夫茶，这是他们交友的基本礼仪。在品茶闲谈中，促进友谊增加感情。潮州工夫茶在品茶时具有一定的礼节，在品茶的顺序上，可以窥见在座的主客关系。因为第一冲，主客总是谦让一番，冲茶者就会请尊长、贵宾先品尝，第二冲起，冲茶者才能品茶。这种品茶习体现了潮汕人互相谦让、团结和谐的美好品德。正是以"先尊后卑，先老后少""先客后主，司炉最末"为基本要求的潮汕工夫茶文化，体现潮汕人素养高雅富有感恩的精神。

二、潮汕文化在学校推广感恩教育工作中起到重要作用

（一）潮汕文化有利于提高学生的道德品质

由于经济的发展，各种享乐拜金的不良思想滋生了并充斥在社会生活中，而互联网信息的发展，更加迅速地传播各种不良的思想。中学生思想不成熟，对社会缺乏了解，容易受到外界环境的影响，互联网发展更促使不良思想乘虚而入。学校对学生进行潮汕文化的熏陶和教育，有利于学生树立正确的价值观念，培养学生感恩精神，使其成为社会主义现代化建设的优质人才。学校通过潮汕文化推广感恩教育将在提高学生的道德品质方面起到重要作用。

（二）潮汕文化有利于学生建立良好的人际关系

是否懂得感恩影响到学生以后人生的发展，影响到他们的人际关系。懂得

感恩才能将心比心，具有共情心，意味着能更好地与他人交往，建立良好的人际关系，从而能安身立命，建立和谐的家庭、团队，获得他人的尊重和关怀。潮汕文化中的感恩精神与学生的生活实际息息相关，对德育工作的开展更能起到潜移默化的作用。学校通过潮汕文化推广感恩教育让学生学会尊重他人，为他人考虑，从而建立良好的人际关系。

（三）潮汕文化有利于增强学生的团结意识，增强集体凝聚力

团结意识和强烈的集体凝聚力一个国家强大综合实力的标志之一。团结互助在一个班级里显得尤为重要。学生在班集体中只有互相帮助，互相学习，才能创造文明的班风，取得优异的学习成绩。受宗族观念影响，海外潮人慷慨解囊资助亲人、乡亲和有困难的人，推动家乡公益事业和国家进步事业的发展，懂感恩，知回报，他们团结互助的精神对中学生有着深远的影响。学习潮汕文化在一定程度上培养了学生的团结意识，增强了班集体的凝聚力。

三、利用潮汕文化，学校推广感恩教育的途径和方法

（一）构建潮汕文化的校本课程，协助班主任开展感恩教育

学校建立完整的潮汕文化校本课程，可以分为不同板块，从建筑、饮食、礼仪、工艺、语言等不同方面进行教学，设置每学月一节潮汕文化课，形成规范完整、持续有效的学习课程，提炼潮汕文化中的感恩精神，协助班主任开展感恩教育。

（二）重视潮汕文化实践活动，在活动中激发学生的感恩之心

实践活动是强化学生感恩意识的重要途径之一，是意识转换为行动的契机。过潮汕传统节日时，学校老师鼓励学生以各种方式给父母老师拜年，如制作感恩卡片、写封感谢信、发送感恩短信等，表达自己对父母师长的感恩之情；鼓励学生参与家庭的祭祖活动，了解祭祀礼仪等。

学校号召学生学会冲泡潮汕工夫茶技能，举行潮汕工夫茶技能比赛。假期在家为长辈冲泡工夫茶，并录制视频回校参加主题分享活动。同时，号召学生参加潮汕文化宣传的志愿者活动，学生通过参加志愿者活动来帮助他人，从而让他们懂得回报国家、社会以及他人，学会感恩地对待世界。

（三）利用潮汕文化营造良好的感恩环境

培养学生的感恩之心不可能一蹴而就，这是一个潜移默化的过程。环境

是最直观的教育，对学生的成长起到重要作用。在教室、食堂布置有关潮汕文化感恩的标语。在校园设置潮汕英雄人物事迹展板，树立感恩祖国、回报社会的英雄形象。比如巾帼英雄郭真顺，庵埠郭陇人，教授郭宗文之女，曾出而挡道，呈上《颂俞将军引》诗篇，陈请改征剿未安抚。全诗三十六句，言辞恳切，句句肺腑之言，果然打动指挥俞良辅，终于化干戈为玉帛，潮阳一带才免遭兵祸；"文曲星"林熙春，宝陇村人，生于嘉靖三十一年（1552年）七月三十日。曾在湖南当地方官，后在朝延做官数十年，屡有建树，受到皇帝赏识，降旨将熙春事迹宣付史馆立传。熙春告老还乡后，关心家乡利病兴革，倡建凤凰台、三元塔，浚三利溪，修龙头、东集等桥，倡修文庙、乡贤祠，倡筑庵埠许陇堤桥、建文昌阁、创龙溪会馆等；爱国华侨林受之，生于1873年，庵埠镇复兴街道人，出生于新加坡，少承父业。青年时受革命救国精神影响，捐资印发革命读物，为当时推翻清政府的秘密革命活动提供活动地点和一切活动费用；才女陈波儿，中兴街道陈厝街人，在大革命至抗日战争期间致力于爱国社会活动。

感恩教育效果需要时间的沉淀，学校在推广感恩教育工作中要全面渗透、持之以恒，通过课程设置、实践活动、环境熏陶等方面引导学生从生活的小事做起，培养其感恩精神。

四、结语

潮汕文化中有大量优秀的精神财富，学校利用潮汕文化帮助学校推广感恩教育，是开展德育工作的有效途径，更能培养出懂得回报父母、回报社会，有独立意识和担当的社会主义现代化人才。

参考文献：

[1] 张庆华. 浅析中职班主任如何进行感恩教育 [J]. 吉林省教育学院学报（中旬），2015（9）：87-88.

[2] 李绍锋. 高职班主任工作感恩教育的探究 [J]. 中国新通信，2019（18）：190.

（项目来源：广东省教育科学规划2022年度中小学教师教育科研能力提升计划项目《潮州文化融入中学学校德育管理研究》课题编号：2022ZQJK124）

立足潮州文化，发展学校美育

饶平县第五中学　王沛中

一、问题的提出

习近平总书记在全国教育大会上强调："要全面加强和改进学校美育，坚持以美育人、以文化人，提高学生审美和人文素养""培养德智体美劳全面发展的社会主义建设者和接班人"。2017年6月，教育部在北京召开了第二批学校美育改革与发展备忘录和全国学校美育促进会，并与广东等13个省（区、市）签署了学校美育变革与发展备忘录，提出要以相关项目建设为支撑，传承中华优秀传统文化。潮州市教育局以传承中华优秀文化艺术为美育改革发展工作重点，2018年5月制定了《潮州市教育局贯彻落实〈教育部与广东省人民政府签署学校美育改革发展备忘录〉的实施方案》，从理论上分析了美育具有深刻意义。美育是立德树人的关键，是学校教育不可或缺的一部分。近年来，全市组织开展中华优秀传统文化进校园活动，积极创建中华优秀传统文化传承学校和艺术教育特色学校，让学生能够亲近优秀传统文化，培养文化认同感、文化自信，自觉履行文化传承的责任。

在教育部提出美育改革发展的五年后，全省学校美育工作取得了一些进步，但在很多地方的很多学校，美育仍然是教育中的一个薄弱环节。主要表现在以下几个方面：首先在思想上对美育重视不够，忽视美育对学生素质的塑造和培养；其次是美育师资欠缺，如缺乏相关美育专业教师队伍、缺乏美育师资培训；再次美育相关制度不完善，如课程设置不达标、美育课时不充足、美育匹配评价体系不完善；最后由于经费严重不足。另外，自20世纪90年代以来，潮州文化一直受到各种因素的影响。优秀的传统表演艺术濒临灭绝，发展寸步难行，亟待保护和扶持。我查阅了许多有关美育的文章，却很少有立足潮州文化推进学校"美育"思考的文章。

二、"美育"的概念

"美"，在甲骨文中，是指上羊角下人形，类似于人装饰其头部外形。人戴头饰——美乎。美，一般是指人或物，让人感觉愉快。华夏之美，气吞山河。山水如画，可赏云霞余晖映红；碧海缀金，可满眼惊涛拍浪；亭台楼宇，可遇梦里溪涧。从雄伟壮观的故宫到兵临城下的万里长城；从一根碧绿如翡的大白菜，到《延禧攻略》中的莫兰迪色，中国人在漫长的人生和艺术实践中，形成了深厚的美学体验。

审美是一种自觉的、自由的行为，它的存在与发展都是生活中不可或缺的，它产生了一种美学生活，即所谓的"美育"。美学的发展历程是一种美学上的升华，可以说是"随风潜入夜，润物细无声"。而在学校的文化建构中，正是"慢工出巧匠"的深耕，而文化的生成与欣赏，则是师生荡涤心灵、完善自我，合天地之道，达人际之和的过程。

美育，又称美感教育。一方面，通过培养自身认识美、感受美、体验美、欣赏美和创造美的能力，教师和学生可以拥有美的理想、情感、品格和品质。美育对气质的培养和情感的净化不是一朝一夕就能完成的，而是可以像"春雨润物细无声"一样进入人们的心灵，这是一个耳濡目染的过程。另一方面，美育深刻地揭示并使人们能够欣赏到许多美育思想和观念中所蕴含的丰富而深刻的历史文化。可见，美育通过不断的熏陶和渗透，审美主体可能不会立见成效，但也会发生轻微的变化，逐渐形成一种心理结构，并对审美主体的精神生活产生持久的影响。

三、潮州文化的内涵

习近平总书记2020年10月在潮州市考察时高度肯定了潮州文化在中华文化和岭南文化体系中的地位。习近平总书记谆谆叮嘱、殷殷期待，我们更应将潮州文化推向校园，让学生了解、感知潮州文化，让学生树立热爱潮州文化的感情和自信，从而增强学生审美能力和品质。

在潮之洲，潮水往复。潮州是岭东首邑、八朝郡府，是潮文化的发祥地，素有"岭海名邦""海滨邹鲁""中原古典文化的橱窗"等美誉。潮州文化作为潮州人的根和魂，具有重要的教育价值，有利于实现立德树人根本任务，为莘莘学子点亮理想的明灯、照亮其前行的道路。

潮州文化是在历代传承过程中不断发展形成的汉文化体系中的子文化。它属于岭南文化，是古代中原文化的遗存，是中华优秀文化的重要组成部分。作为岭南独具特色的文化资源，潮州文化能否延续独特的魅力？如何在校园中形式多样地学习和传承潮州文化，从而让学生接受文化熏陶、树立文化自信？

四、潮州文化对推进校园"美育"教育的意义

校园是一名学生成长的重要载体，给予其永久的回忆。一个学生在即将离开校园时如果脑海里都是美的回忆，流淌着的是一幅幅美的流动的画面，是对校园的依依不舍的深情，那么这个校园的美育无疑是成功的。美育是一个以情感、感知为桥梁的潜移默化过程，培养人的感情，培育人高尚纯洁的情操。情感性是美育的另一个重要特征，也是一种审美特征。

学校的文化建设也应当如此，事实上，学校作为传承优秀传统文化的重要阵地之一。既要充分发挥学校教育的主阵地作用，利用学校对潮州文化这一优秀文化加以推广宣传，让潮州文化进入校园，进入中小学生美育课堂教学或课外兴趣培养，培养学生对潮州文化的亲近感、认同感。学校更应充分挖掘优秀的传统文化资源，显现地方文化元素，以脍炙人口、喜闻乐道的形式让其似春风似细雨，渐渐入耳入心。于是，静待时光，我们的学生会如大自然花花草草般，日积月累苗壮成长，欣欣向荣。

在广东省张鸥名校长工作室第二阶段研修活动中，我有幸近距离感受磷溪中学的学校美育成果。初见磷溪中学，感觉是一所很普通的学校。依山而建，学校面积不大，教室和宿舍楼也比较陈旧。很快，我就被磷溪中学所吸引。在磷溪中学翁传斌校长的陪同下，工作室成员们在校园内依次参观了J幢通风厅的艺术作品展，参加了升旗典礼，观摩了潮州大锣鼓和二十四节令鼓的精彩表演。精工细作的潮绣作品，惟妙惟肖，令人叹为观止，啧啧称奇；训练有素的国旗护卫队、英姿飒爽、庄严齐整；热烈奔放的潮州大锣鼓和二十四节令鼓、气势磅礴、荡气回肠。学校美育艺术作品展、特色项目展示，让磷溪中学这所普通而平凡的学校绽放出勃勃生机，潮州传统文化在教学和教育管理中的有

机结合成为了一道别样的风景。下午，工作室成员与翁传斌校长移步F幢小会议室展开交流。张鸥校长主持了交流会，学员们各抒己见，互相交流探讨。翁传斌校长首先做了简洁的汇报。翁校长说，在近几年的办学中，学校着力提升学校师生的精气神，挖掘潮州传统文化的深厚底蕴，将潮绣、大锣鼓、节令鼓等传统艺术形式带入校园，发动学生积极参与，改变学生的精神面貌，又以学生带动老师，整体提高了学校的活力和凝聚力。同时，学校注重对美术生的培养，浓化学校的艺术氛围，大大改善了学校的整体面貌。

磷溪中学只是潮州文化推进学校"美育"的一片涟漪，近年来，潮州市市政府组织开展了将优秀的中国传统文化引入校园的活动，并积极创办了优秀的中华文化传承学校和艺术教育特色学校。学校通过开展学校美育，引导学生收集信息，增强学生对潮州文化知识的了解，探索潮州文化的现状、传承和发展。同时，积极探索以文化人、以文育人的校园文化新样态，着力培养学生的文化艺术传承和创新能力，激发学生爱国情怀，陶冶学生道德情操，树立学生文化自信，促进学生全面发展、健康成长。潮州各级各类学校逐步开齐、开足美育课程，不断强化地方性艺术文化，加强艺术学科和其他学科的有机融合。同时，学校将积极挖掘潮州的艺术教育资源，邀请著名传统文化艺术家、民间艺术家、工匠大师和非物质文化遗产传承人进入学校和课堂，开展优秀传统潮汕文化教育、培训，如舞狮、舞龙、潮州刺绣、潮汕话童谣、潮州锣鼓、英歌舞、陶瓷艺术、镶嵌瓷器、铁枝木偶，形成了"一校一品""一校多品"的局面。立足潮州文化，发展学校美育，学校要增强学生文化信心，让其亲近和热爱优秀的传统文化，并努力成为文化传承的小使者，壮大潮州文化的学生群体，使"华南之花"潮州文化永不落败。

伴随潮州优秀传统文化在校园的推进，助力学校会逐步形成浓郁的文化艺术氛围。师生们向"美"而行，在文化的浸润下增强文化自信，更好地了解、理解潮州文化，接棒潮州文化的传承与发展，让潮州文化得以传承，源远流长。

参考文献：

[1] 习近平.习近平总书记教育重要论述讲义 [M].北京：高等教育出版社，2020.

[2] 朱志荣.中国审美理论 [M].上海：上海人民出版社，2019.

［3］李广金.唤醒学校：上海市静安区实验中学艺术特色教育集团的建构
［M］.上海：上海教育出版社，2020.

［4］刘菲菲.美育视野下的学校文化建设［J］.新课程评论，2019（Z1）：
46-52.

（广东省教育科学规划2022年度中小学教师教育科研能力提升计划项目
《潮州文化融入中学学校德育管理研究》课题编号：2022ZQJK124）

潮州文化对推进学校"美育"的思考

饶平县第四中学 张文祥

一、引言

潮州有着丰富多彩的文化内蕴，包括但不限于以潮绣、潮瓷等潮州非物质文化遗产，总而言之，潮州文化，是中华优秀文化的重要分支。随着我国经济建设的飞速发展，人们对于文化教育事业的重视程度也日益提升，在潮州优秀文化的基础之上，推进学校美育建设也变得越发重要。

学校是文化教育的重要基地，美育是学校文化教育事业建设的重要组成部分，和智育、德育一样占据着不可忽视的重要地位，对学生的全面发展具有不可忽视的重要作用。将潮州文化引入校园美育建设之中，不仅有利于文化本身的继承发扬，对于学校美育事业的长远发展也有着十分重要的积极作用，因此，相关部门必须予以高度重视。

二、潮州文化概述

潮州文化隶属于岭南文化，是中原文化的遗存，是汉文化不可分割的重要一脉。潮州文化又称为潮汕文化，是潮汕先民创造的以海洋文化为主的一种极具包容性的地域文化。潮汕文化具有悠久的发展历史和深厚的文化内蕴，是连接潮汕人民的精神纽带，可以形成极强的文化向心力，将潮汕人民凝聚为一个有机整体。

此外，潮汕文化还可以凭借其对于当地人民潜移默化、深远持久的影响力，丰富潮汕人民的精神世界，增强潮汕人民的精神力量，促进潮汕人民的全面发展，以高度的文化心理认同感，形成团结、平等而又友善的地域社团，由此发挥潮汕文化对于当地政治、经济能动的作用,促进文化经济化及文化政治化,实现文化、政治、经济三者的有机统一。

总而言之,研究潮汕文化的丰富内涵和鲜明特色,弘扬潮汕文化的优良传统,对于促进学校的美感教育事业的整体效率有着鲜明的积极作用。相关部门应该尽可能地利用各方优势条件发展潮汕文化,将之引入校园美育中来。

三、美育概念简介

所谓美育,就是美感教育的简称,狭义的美育,被认为是"艺术教育";广义的美育,被认为是"将美学原则渗透于各科教学后形成的教育。"

美育概念最早由席勒提出来的,中国在近代蔡元培先生之前一直没有明确的美学概念,但类似的美学意识和美学实践,在有文字记录的先秦时代就已经产生,譬如以礼、乐、书、数、射、御为核心的,针对君子六艺的教学便是典型的美育实践。孔子早就结合多元化的艺术形式构建了音乐、舞蹈、诗文一体的美育意识,奠定了中国美育思想的文化基础和历史渊源。

蔡元培在《教育大辞书》的美育条目中指出了美育的具体概念:"美育者,应用美学之理论于教育,以培养感情为目的者也。"然而,该定义只是简要指出了美育的定义,至于应该如何进行美育教学,以及如何实现美育目的却没有做出清晰明确的理论阐述,此时对于美育概念的界定还存在相应的不足之处。

如今,随着社会实践的深入,人们对于美育也有了更加深刻的认知,将美育和德育独立开来,突破了历史局限,对美育的独立价值予以高度重视。

潮州近年来加快了学校美育改革发展,强化了学校美育育人功能,在语数外、史地政、物化生的基本格局之下,又增加了书法、绘画、舞蹈、戏曲等诸多艺术课程,借此培养学生关于美的认知体系,提高学生审美品位,提升学生美学素养,提高学生美学境界,实现学生个人的全面发展。

四、潮州文化对推进学校"美育"的价值

潮州文化是汉文化的子文化,也是中华优秀文化的积淀,是岭南地区独具特色的重要文化资源,如果将潮州文化引入学校美育建设当中,可以充分发挥优秀文化的特有魅力,形成以本土文化为根基的中华优秀文化传承之路,促进潮州文化朝着可持续的方向深入发展。构建学生自己对于美学的认知结构、

形成具有个人特色的美学风格，为潮汕文化的深入发展贡献出属于自己的一分力量。

近年来，教育部多次将学校美育改革发展作为文化教育事业的重点项目予以推进。为响应教育部美育改革要求，潮州市教育局以传承中华优秀文化艺术为美育改革发展工作重点，制定了一系列相关的激励方案，意图将潮州优秀文化引入校园，以美育建设相关项目为支撑，积极构建更加完善的教育体系。

潮州文化坚持以人为本的民本思想，将学生作为加强潮州文化艺术培育的核心群体，大力促进潮州文化走入校园，推动形成德智体美劳"五位一体"、全面发展的教育格局，形成以文育人的校园文化新常态，以培养学生的实践能力、创新意识以及爱国情怀，树立学生的文化自信，强化我国文化软实力，促进学生多维度、全方面的发展，合力培养社会主义建设者和接班人。

五、如何利用潮州文化推进学校"美育"

首先，立足潮州非遗文化，开设大量优质课程。学校在原有的课程内容之上，进行筛选，形成具有潮州特色的美育文化，形成自己高质量的文化效应，优化资源配置，将当地的非物质文化遗产传承人引入校园，采用多种科学技术手段优化学校的课程结构，高效促进非遗文化在校园内部的传承与发展。与此同时，还可以培养学生的兴趣爱好，减轻学生校园课程学习的压力。潮水往复，起而行之。

其次，理论结合实际，强化地域优势。学校通过对潮州文化的充分利用，可以有效推进自身美育发展。将潮州文化作为美育的核心内容，学校可以利用地域优势形成地缘文化效应，实现对潮州地区文化资源的优化配置，实现美育内容思想性和艺术性的统一。与此同时，将理论结合实际，做到一切从事实出发，在情绪体验与逻辑思维结合的基础之上，针对不同年龄段的学生，结合其心理发展规律因材施教，促进学生朝着德智体美劳全方面发展，成为优秀的社会主义接班人。

再者，搭建实践展示基地，改善美育硬件设施建设。一方面，学校加大与美育相关的基础设施建设力度，将美育资源向弱势区域倾斜，缩小城乡之间校园资源配置的实际差距，实现潮汕地区美育建设的均衡发展。根据相关数据，截至目前，潮州市已经创建了24所学生艺术实践工作坊。另外一方面，大量存在的实训基地为校园师生进行美育实践，提供了必要的物质基础和展示平台。

除此之外，学校更应该注重引进名家名师资源，丰富潮州文化的物质表现形式，举办多姿多彩的文化活动，为学校艺术教学、文化塑造提供不可或缺的智力支持，为推进校园美育添加浓墨重彩的一笔。比如潮州市在2020年广东省中小学校美育改革发展成果交流活动中，凭借枫溪瓷都实验小学一曲《骏马奔腾》夺得桂冠，取得令人瞩目的成就。在此活动期间学生们也培养了彼此之间的默契，增进了团队友谊的同时更培养了自己的美学鉴赏能力和实践能力。潮水浩浩汤汤，一路向美而行。

六、总结

随着潮州文化在校园内部的层层推进，学生通过大量的优质美学课程以及多元的美学实践训练，得以形成自己关于美学的认知、鉴赏能力，提高个人的美学实践、操作技能。在此过程当中，全校师生得以浸润于潮州文化的熏陶之中，增强了文化自觉与文化自信，在推进潮州文化传承、发展的同时促进美育的发展进步。

本文就是在对美育理念及潮州文化的简要介绍背景之下，针对潮州市文化教育工作的现实情况，论述了将潮州文化引入美育体系的重要价值，并在此前提之下，对现实中推进美育的工作提出了一些微薄的建议。

参考文献：

［1］陈建峰.＂美育＂推进校园文化环境建设［C］.国家教师科研专项基金科研成果（九），2017.

［2］薛少恭.加强和改进中小学校美育工作的思考［J］.新教师，2018（3）：19-20.

［3］雷雷，任晟姝.新时代背景下持续推进高校美育工作的思考："新境况下中国高校美育工作的现状和对策高端研讨会"侧记［J］.美育学刊，2020，11（5）：16-19.

（广东省教育科学规划2022年度中小学教师教育科研能力提升计划项目《潮州文化融入中学学校德育管理研究》课题编号：2022ZQJK124）

中 篇

朝花夕拾

农村中学实施有效教学的课堂教学模式研究

——广东省教育科研"十二五"规划课题

潮州市潮安区宝山中学 张鸥

《农村中学实施有效教学的课堂教学模式研究》是广东省教育科研"十二五"规划课题子课题，课题批准号为2013YQJK001。课题于2014年11月申报，当年年底获得批准立项并开题。学校以课题研究为引领，设立十个子课题。全校教师在本课题组的领导下，服从课题组管理，依靠良好的研究条件，分阶段有目的实施课题研究，使该课题研究达到预期的目标，取得预期的研究成果。现将课题研究过程与结果报告如下。

一、课题研究的背景

1. 课改的需要

随着新一轮教育改革的推进与深化，应试教育向素质教育的切实转变，近年来，有效课堂教学的模式正不断出现。但我国有效教学研究大多是引鉴国外论著居多，其理论研究缺乏深刻性、系统性，特别是农村中学有效教学的研究更是少之又少，教师在教学中为提高教学"质量"，拼体力、拼时间、高消耗、重负担、低效率的现象非常多，少数教师在课堂教学中缺乏和学生的有效沟通，有时导致师生冲突，对教学带来极大的影响。时代在进步，科技在发展，我们的教育对象也发生了根本性的变化，处于教育改革风口浪尖中的我们，只有与时俱进，大胆进行教育教学改革，才能真正理解新课程理念的核心，实现教育的可持续发展，而这就要求我们改进课堂教学方式，提高教学效率。

2. 教师成长的需要

新的课堂教学观要求课堂成为师生双方张扬个性的舞台，为适应这一改革趋势，我校教师需要迫切提升教育教学理论素质，提高课堂教学的实践能力，把自身的成长内化为教师终身的追求，对课堂教学有效性的种种探索研究，理论上也应伴随教师成长的全过程。

二、课题研究的理论思考

1. 课题思考

本课题的研究对象是有效教学，即有效果、有效率、有效益，研究的环境定位于农村中学的教育教学现状，课堂教学的有效性主要从教和学两个方面来开展研究。一方面，教师通过不断反思，改进自己的课堂教学行为，提高自己的课堂教学水平；另一方面，学生通过课堂的教学，获取知识，积累知识，使自己各方面的素质和能力得到提高。

本课题通过开题认证后，课题组采纳了市、区有关专家的建议，特别是区教育局教研室顾映钊主任为本课题的研究提出了大量宝贵的意见。结合我校的实际情况，我们决定将有效教学的模式的研究重心放在教材的选用、教学活动的程序及教学组织形式和方法等方面上。

2. 理论依据

有效教学源于20世纪上半叶西方的教学科学化运动，比较有影响的有杜威的儿童中心论，布鲁纳的结构主义教学，克拉夫基的"范例教学"，加德纳的多元智力理论等。这些教育理论，都有着明显的对有效教学探索的痕迹。我国有效教学的研究起步比较晚，比较有代表性有崔允漷教授撰写的《有效教学》，清晰地对有效教学的理念作出界定，明确有效教学要注意教师的教学效率，更多地关注可测性或量化；叶澜教授撰写的《重建教学价值观》《重建教学过程论》《重建教学评价观》等，对我校有效教学的研究也提供了相当有参考价值的理论和实践基础。

三、课题研究的对象

我们研究的对象是我校高一、二、三级学生，我们组织学生进行问卷调查，掌握第一手材料，更准确地指导理论研究。在对学生进行问卷调查过程中，我校共抽取高中基础年级300名学生作为调查对象，发出问题问卷300份，回收289份。问卷调查共15道题，采用当堂完成并收缴的方式进行。

（一）调查的背景和目的

如何在农村中学中实施有效教学是每一个农村教师一直想解决而又难以解决的一大难题。我国提出教育均衡，很大程度上在于农村与城镇之间的均衡。而教育的均衡，势必要均衡课堂教学的实效性，这就不得不了解学生在实施有效教学前后的变化，以方便我们检验实验的结果。

（二）实验对象的选取

学生的选取：本校（宝山中学）高一、二级学生。

（三）确定性目的考虑

本问卷调查主要是围绕课题开题报告中研究的方向、影响的因素以及在研究过程中发现的其他对象和问题来设置的。

（四）调查的方法和工具

本次调查采用的方法主要是自主选择法，要求被调查者在每一个项目备选的几个答案中，选择一个与自己的想法或做法最接近的选项。

（五）调查结果

通过调查，我们可以看出学生在课堂的教学模式上还是比较喜欢寓教于乐的模式，觉得现行的课堂教学模式有待改善。现行的教学模式能在规定的时间内落实相关的教学内容，但对学生的掌握和运用情况的落实并不理想，大多数学生认为要提高目前学习的有效性，最需解决的因素是教师的教学模式。

从调查的数据中，我们可以看到，学生们都比较喜欢师生互动的教学方式，并一致认为课堂的教学内容的设置对课后习题的解决帮助很大。课堂学习对课后知识的理解和复习起到很大的作用。

大多数的教师认为，要使课堂的教学有效，单从教师或学生的主观层面进行改革是难以见效的，它需要家校的配合，需要相应的评价机制来配合，尤其是在农村相应的教育配套投入不足，成了某些学科开展有效教学的阻力。教师为完成相应的教学任务，很少在课堂上关注到学生的心理变化，"满堂灌"成为常态。

学校教育应该是教学相承，教师与学生在认知层面应保持同步，才能使课堂的教学内容走进学生的心里。同时学生的进步，在很大程度上也和学生的心理因素有关。他们关心课堂上老师对他们的态度，认为老师在课堂上照顾到他们的感受，对他们的学习帮助很大。"成功感"成为激发他们学习兴趣的催化剂。

（六）调查结果分析

学校对教师的考核评价方式要做出相应调整，不应以单一成绩的高低来衡量教师的教学能力，必要时可采用多元评价的体系，教师的课堂表现、学生对教师的评价，都应该成为评价老师的要素。

教师在落实课堂教学内容的前提下，应该重视学生心理层面的因素对学生学习兴趣的激励作用，课堂上应多鼓励学生，应该照顾到学生的感受，同时推荐一些相关的教学资源给学生，拓宽学生的知识面。

教师要遵循教学规律，重在基础知识的传授和运用，不搞"题海战术"，不采用"填鸭式"的教学方式，改变传统的课堂授课模式，寓教于乐，让学生在轻松的环境中学习。

农村中学的学生基础差，知识储备少，农村地区信息相对闭塞，如何在有限的时间内充实农村学生的知识内容，成为每个农村教师面临的问题。教师如果能够在平时的教学中加强自身的学习、钻研，注重提高自己的理论知识水平，注重自身学科素养的培养。那么，教师在课堂教学中就能够将相关知识、题型、解题方式进行融会贯通，拓展迁移，加强学法指导，充分体现学科素养，这在一定程度上有利于学生掌握相关知识点，提高学生解决问题的能力。

学校应多和学生家长沟通，建立长效联动机制。及时全面地将学生的情况反馈给学生家长，并指导家长进行配合教育，家校合作，形成合力，全方位地关心学生的学习情况。

四、研究的目标

在本课题在研究过程中逐步转变教师的教学观念，使教学能真正地做到为学生的发展服务。学校通过课题研究促进我校教师更新教育观念，树立有效教学观，改变陈旧的教学模式，真正体现学生的主体地位。

学校通过本课题的实施研究，优化各学科的课堂教学模式，总结农村中学有效教学的基本模式，为各学科教师的教学提供一个基本的思路框架，使各学科教师的教学有章法可循。

五、研究的内容

（1）针对我校教师课堂教学普遍存在"填鸭式"的情况，开展能够充分体现让学生动手实践、自主探究、合作交流的教与学的课堂教学模式研究。

（2）结合我校教师参加省微格课比赛课例，市、区级教学观摩比赛的课例，分析有效教学课堂教学模式案例，并进行有效课堂教学模式的建模研究。

（3）根据"自主、合作、探究、创新"的新课标精神，研究如何有效地实施探究性教学，指导学生改变传统的学习方式，进行有效的探究性学习。

六、研究方法

1. 教育实验法

研究者协助和指导实验组教师和学生按照实验干预方案开展各种活动。干预时间分别为：2016年1月至2016年3月（实验组教师），2016年4月至2016年6月（实验组学生）。

2. 问卷调查法

分别在实验前后运用问卷评价：①教师的教学效能感、课堂情绪体验和教学效果，考察校本培训与经验合作教学对教师课堂教学有效性的影响；②学生的学习效能感、学业成绩，考察学习心理专题讲座与学习心理团体辅导与训练课程对学生有效学习的影响。

3. 实验观察法

通过操作变量的实施，观察变化，前后测定对比，分析因果关系。

七、研究步骤

第一阶段：准备阶段（2015年1月—2015年3月）

召开课题可行性论证会，落实课题具体实施方案、实施细则和人员配置，以及进度安排。

第二阶段：启动阶段（2015年3月—2015年6月）

调研与评估有效教学的三个关键影响因素（教师有效教学能力培养、学生学习心理辅导与训练、有效教学的资源建设），制定实验干预方案并开展对实验组教师的校本培训。

第三阶段：制订计划阶段（2015年7月—2015年12月）

撰写调查报告，制订有效教学的资源建设的行动研究方案。

第四阶段：实施阶段（2016年1月—2016年6月）

全面实施实验干预方案和有效教学的资源建设的行动研究方案。该学年度上学期结束之后将对研究方案进行完善和调整，同时完成阶段性总结，出版中期成果集，撰写阶段性教学论文。

第五阶段：结题阶段（2016年6月—2016年12月）

对成果进行汇编和整理，发表相关实验研究论文，出版有效教学课例和论文集，最后项目结题。

八、研究基本过程

本课题在张鸥校长的领导下，召开课题研究动员大会，成立了总课题和十个子课题组，为保证课题研究的规范运行，我们采用定期汇报总结制度，定期听取课题组成员的研究成果，组织教师学习新的课程理论，研讨课题研究中出现的问题；同时，我们还积极地"走出去，请进来"，韩山师范学院文剑辉教授多次到校开展课题研究讲座，为课题研究指明方向，理清思路。潮安区教育局教研室顾映钊主任十分关心课题的开展情况，与学校领导、课题组骨干成员频繁交流，为课题研究提出宝贵意见。同时本课题组还选派骨干教师向兄弟学校、上级学府学习，参加学习的教师在集体交流中把其他学校的经验介绍给大家，把最新教改动态带回学校。

九、初步形成的学术观点

（1）教师和学生关系融洽、和谐是有效课堂教学研究的根本落脚点。

（2）有效课堂教学的关键在于教师的素质。

（3）课堂教学是农村中学有效教学的主阵地。

（4）适量的课后训练是农村中学实现有效教学的重要组成部分。

（5）科学的学生评价体系是农村中学有效教学的根本。

（6）提高农村中学教师待遇，建立健全科学合理的师生评价体系，是构建和谐有效课堂教学的长期任务。

十、课题研究的成果

在全体教师的共同努力下，我校在有效教学研究方面取得了可喜的成绩。

（一）转变教师角色，优化课堂教学模式

通过开展研究，学校在化解教学瓶颈、重建教学模式等教育教学改革上有所突破，有所创新，建立了和谐的师生关系。教师放下架子，走下讲台，融入学生之中，以参与者的身份与学生一起探讨、研究问题。其意义：一是和谐的课堂氛围，调动学生学习的驱动力，激发学生探究知识的欲望；二是树立以学生为本的教学理念，有利于创造性地使用新教材；三是给学生一定的思维空间，有利于增强其探究信心，不断将学生的思维引向深入；四是有利于收集学生反馈信息，及时调整教学指标，提高教学质量。

根据课题研究实际，结合不同课程的特点，近年来我校对课程教学构建了不同的教学模式。

1. 语文课堂教学模式

（1）五字语文教学模式

即"导—疑—创—评—练"，这种模式是在素质教育的理论指导下，以民主合作的教学关系为基础，以导学的教学程序为主线，充分激励学生的问题意识，并通过教学系统诸多因素的优化组合，实现学生自学能力和整体素质共同提高的教学模式。

此教学模式是通过教师的科学指导、启发点拨，通过学生的自主学习、质疑问题、独立思考、合作学习、探究学习能力的创造性活动，实现学生的自主性、可持续性发展。首先重点培养学生自学能力，培养学生勤于思考、勇于质疑、善于质疑的良好学习品质；其次学生的主体意识、合作意识将得到极大体现，课堂教学效率得到极大提高；最后形成民主、平等、合作、和谐、生动活泼的课堂。

（2）四字语文教学模式

即"导—悟—创—评"。这种模式是在"四导教学模式"的基础上，以质疑设问为中心，引导学生自主学习，敢于创设情景，不断开发学生的想象力和思维模式，提高学生理解问题和解决问题的能力。

（3）"读、想、说、写"的古诗词情景作文课堂模式

"读"就是读诗诵词，务求烂熟于胸，为展开想象做好充分准备；"想"就是根据诗词所描写的情景，展开想象；"说"就是将诗词情景或拓展后的情景口头描述出来，要求表述要清楚，情景要具体；"写"就是将"想"到的、"说"到的、"听"到的适当剪裁，按一定的结构组织方式写成文章。

（4）四段式语文教学模式

即"创设情景—自主学习—师生研讨—点拨交流"。

（5）五步语文教学模式

即"激情引入—自主探究—合作学习—点拨疏导—总结评价"。

2. 五段数学教学模式

即"创设情景—尝试活动—师生探究—巩固反思—作业质疑"。这种模式是在现代教育理念指导下，使教学成为教与学的交往互动，使师生双方相互交流，相互启发，相互补充，分享成功与体验，从而达成共识、共享、共进的目的，实现教学相长。

3. 英语课堂教学模式

即"讨论话题—听课文录音讨论和感知语言的故事—模仿复述课文和话题"。该模式优化了教学结构，有利于课文的整体教学，突出重点，解决难点，提高了学生自主学习能力、研究性学习能力、阅读能力和口头表述能力。

4. 化学课堂五字教学模式

即"问（激活思维）—动（多维互动）—探（探索求知）—导（归纳引导）—创（应用迁移）"。

5. 生物课堂六步教学模式

即"诱发兴趣—演示实验—鼓励质疑—实际操作—总结提高—指导迁移"。

6. 政治课堂四环教学模式

即"课前准备—情景创设—生、机、师互动解惑—反馈"。第一个环节，"课前准备"，这是网络、多媒体课堂模式的前提环节；第二个环节，"情景设置"，这是切入环节；第三个环节，"生、机互动""生、机、师互动""生、师互动"，是在互动中解惑；第四个环节，"反馈"，这是前面三个环节的延伸环节。

7. 历史课堂五步教学模式

即"设定目标—创设情景—讨论问题—总结评价—引导迁移"；"激发兴趣—自学生疑—指导学习—教师精讲—应用创新"。

8. 地理课堂四字教学模式

即"疑（创设问题情景）—议（分组讨论，解放大脑）—馈（及时反馈）—评（点评思路，指点方法）"。

9. 美术课堂四式教学模式

学生参与式：教师提出要求—学生自定目标—学生主动参与—师生共同小结。

学生讨论式：教师提出问题—指导学生准备—各种形式讨论—教师小结评估。

教师指导式：教师提出创作主题—学生开展创作活动—教师适当指导—师生共同欣赏。

师生互动式：师生共定目标—师生交流互动—教师适时指导—师生共同总结。

10. 信息技术课堂五步教学模式

即"创设情境—分组讨论—教师点拨—学生交流—师生总结"。

总之，在目前实践的过程中，我校课堂教学模式的组织形式与结构，已呈现了多元化、实际化的特点，具有更多的选择性与实效性，我们仍将继续对上述教学模式进行探究、实践，以期日趋完善。

（二）提高教师整体素质，促进教师专业发展

通过理论学习与工作实践，教师的教学素养得到了提高；通过案例研究和教学观摩研讨，教师有效地转变了过去传统的教学方式，形成了自己的独具一格的教学模式，一支研究型的教师队伍日趋形成。

一年来，学校有九位教师的课堂实录在潮州市2014年度"一师一优课、一课一名师"活动中被评为优课，其中有两位教师的课堂实录还被评为2014年度广东省优课。有七位教师的课堂实录在2015年度潮安区的"一师一优课、一课一名师"活动中被评为优课，其中翁叶芝的物理课《行星的运动》被评为2015年度广东省优课。有六名教师在潮州市2014—2016年青年教师教学观摩比赛中荣获一、二等奖。2015年12月22日在肇庆市举行的中学地理微格课省级比赛

中，我校陈艺莎老师荣获广东省一等奖。有十八位教师在省、市、区的各项学科比赛中荣获一、二等奖。有七位教师参加在韶关市举行的为期四天的潮州市高中名教师培训。有三位教师被确定为广东省省级骨干教师培养对象，并参加高级研修班培训。有十五位教师被确定为潮州市2015年高中骨干教师培养对象。有五位教师被确定为潮州市2015年初中骨干教师培养对象。

针对本校新教师多的实际情况，学校通过"结对子"，跟踪听课，老教师开设示范课，开展教师技能比赛等活动，让新教师能尽快提高业务水平，成为独当一面的教学能手。林洁珣老师参加潮州市2016年初中数学课青年教师教学观摩比赛获得一等奖。刘泳东老师参加潮安区2016年高中英语课青年教师教学观摩比赛获得一等奖。李少芬、文燕思老师荣获市高中古诗文阅读竞赛指导奖一等奖。

学校也积极组织学科骨干教师参加各级组织的培训活动。卢继荣、林元、范然三位老师先后参加了广东省骨干教师高级研修班学习。林元、孙培举、洪兰莹、李列深、舒协伟五位老师于12月13日至12月19日到浙江大学参加为期七天的潮州市高中名教师拓展培训。课题研究提高了教师的整体素质，促进了教师的专业发展。作为一所农村中学，在短期内取得这些的成绩，不得不说，这与我校有效教学的研究是密不可分的。

（三）浓化校本教研氛围，提升教师的研究能力

研究的推进有效地激发了教师参与研究的热情，促进了教师的教研科研氛围的形成，教师教研活动踊跃发言，各抒己见，课余积极结合自己的教学实践撰写科研论文。学校形成了教师勤思考，善总结，勤写，乐写的良好风气。许多教师从一个感性的实践者逐渐变为理性的研究者。教研组形成了良好的团队意识和协助精神，遇到问题共同研究，把个人智慧融入集体中去，以促进新的理念的生成，继而产生进一步研究的热情。围绕"教师有效教学的实施"的理论与实践展开了研究。

许多教师从任教的学科教学实际出发，对任教学科如何实施有效教学进行了深入研究，提出了自己的教学见解。

孙奕伟老师的论文《浅析如何提高农村中学课堂教学的有效性》从农村中学课堂教学失效归因，进而提出提高教学效果的两种做法：一是让课本知识回归生活；二是运用多媒体现代设备，丰富课堂教学内容。

数学学科徐泽斌老师的论文《农村中学数学有效教学之我见》对农村中学数学有效教学这个问题提出了自己的见解：实施数学的有效教学，深入解读教材是基础；实施数学的有效教学，优化教学过程是关键；实施数学的有效教学，建立和谐的师生关系是保证。

英语学科林兴元老师的论文《高中英语有效教学在实践中的探索》从教师的因素、学生的因素、资源的因素谈高中英语有效教学在实践中的探索。

化学学科潘妍老师的论文《农村中学化学如何实施有效教学》围绕农村中学化学有效教学的实施谈了五种看法：更新观念，适应新要求；因材施教，目标有层次；变"要我学"为"我要学"；重视实验，提高学习兴趣；联系实际，让化学走进生活。

课题主持人张鸥校长的论文（课题研究成果）《对农村中学实施有效教学研究的思考》，课题主研人卢继荣副校长的论文《提高中学语文课堂教学有效性地思考》在广东教育教研版（《师道》2016年12月）上发表。

课题组成员孙奕伟老师的论文《浅析如何提高农村中学课堂教学的有效性——以高二级语文教学为例》在广东教育教研版（《师道》2017年1月）上发表。

课题的研究，也促进了学校与外界的交流，形成强强联合，优势互补的局面。2016年，学校顺利成为华南师范大学外国语言文化学院研究生联合培养基地（潮州市只有两所学校成为华南师范大学研究生联合培养基地）。华南师范大学外国语言文化学院将定期选派部分研究生到学校进行英语科教育教学跟岗实践实习。学校将积极配合华南师范大学做好这项工作，把学校英语学科建设成为潮安区乃至潮州市的品牌学科。

2016年12月，学校组织一批教师到韩山师范学院参加了粤东基础教育论坛，接受前沿教育，与此同时，学校也被中国好老师公益行动计划办公室专家委员会、北京师范大学中国基础教育质量监测协同创新中心授予"中国好老师公益行动计划基地学校"。

（四）促进学生全面发展，使学生成为学习的主人

有效教学的研究主要体现以学生发展为本的教育理念，使所有学生，特别是实验学生，都不同程度地学到所需要的知识，且都学有所得，最终达到实施有效学习。在教学过程中，我们指导学生学会自主、合作、探究学习。实施以培养创新精神和实践能力为重点的素质教育，一个很重要的着眼点就是要改变学生的学习方式，着眼于学生可持续发展能力的获得。在开展有效的接受学习的方式的同时，形成一种对知识的主动探索，并重视实际问题解决的主动积极的学习方式。

在教学中，我们通过指导学生课前的预习，课内让学生自主地进行操作，尝试观察、想象、交流、讨论、质疑等探索活动。我们通过实践操作、自主探索，小组合作交流促使学生成为自主活动和自我教育的主体，使主动参与、积极思考、主动思考、主动创造成为学生基本的学习方式。随着课题的深入研究和实施，学生新的学习方式得到了初步形成，开阔了他们的视野，促进了他们综合素质的提高，一大批乐学、善学，具备一定实践能力的学生脱颖而出，茁壮成长。

（五）促进了学生学习成绩及学习能力的提高

2014年以来，我校学生参加高考均取得优异的成绩。我校在生源相对较差的前提下，提出"低进高出"的奋斗目标，扎实做好高考备考工作。

在2016年的高考中，我校考生上重点线的有（一批线）7人，上二批本科线人数221人，突破200人大关，比去年增加了59人，完成比率为142%；省专（三A）上线人数518人，突破500人大关，比去年增加了54人，完成比率为124%。在潮州市25所面上中学中理科综合、文科综合获得平均分第二名，理科数学、文科数学、英语、英语听说获得平均分第三名。英语科获得潮安区学科平均分进步奖一等奖，理科数学获得潮安区学科平均分进步奖二等奖。学校获得潮州教育局"2016年高考特别奖"。

在2016年潮州市中考中，我校又取得辉煌成绩。蔡佳锋同学被潮州市金山中学"志博班"录取。蔡焕玲、林铭炜、蔡佳妮三位同学分别以总分762分、761分、750分的好成绩进入潮安区中考高分层行列。学校共有10位同学被金山中学录取。蔡佳锋（被金山中学"志博班"录取）、蔡焕玲总分762分并列区第三名，林铭炜总分761分位列区第六名。

在学科竞赛方面学校有一批学生获得奖励。学校学生共有24人次在市、区高中古诗文阅读竞赛中获奖，其中，吴奕津、李晓南同学获得市高中古诗文阅读竞赛一等奖。郑坚、蔡欣等五位同学在2016年潮安区高中作文现场赛中获得一、二等奖。陈锦燕老师指导的学生陈东参加广东省中小学电脑制作活动荣获高中组"魅力岭南"学生DV创作大赛三等奖。

　　课题的实施，在很大程度上激发了学生的学习兴趣，调动了学生的学习积极性和主动性，实验班学习成绩明显高于普通班。学校先后在非毕业班年级实行创新课堂教学模式实验课，比采用传统教学模式授课收到更好的效果。学校实验班学生学业成绩远高于普通班，这充分体现了课题研究的效果。（抽样调查见表1、2）

　　2015—2016学年度高二实验班与普通班第二学期高中实验班与普通班同学在课堂教学模式研究前后的对比。

表1　英语学科期末统考成绩平均分比较表

班级	实验班			普通班		
班级（人数）	1（55人）	3（55人）	5（55人）	2（54人）	4（55人）	6（54人）
平均分	67	69.5	66.7	34.5	37.3	35.2

表2　能力提高情况抽样表

内容	结果	实验班 55人		普通班 54人	
		人数	比例（%）	人数	比例（%）
学习兴趣	很大提高	28	50.9	7	13
	有一定提高	24	43.6	16	29.6
	提高不快	3	5.5	31	57.4
自学能力	很大提高	28	51	5	9.3
	有一定提高	22	40	24	44.4
	提高不快	5	9	26	47.3
学习成绩	很大提高	29	52.8	11	20.4
	有一定提高	21	38.2	21	38.9
	提高不快	5	9	22	40.7
实践能力	很大提高	28	51	10	18.6
	有一定提高	20	36.3	22	40.7
	提高不快	7	12.7	22	40.7

十一、研究成果推广

学校经常组织课题组成员开展课题研究阶段成果汇报会，推广了我校学科的课堂教学模式，受到区教研室顾映钊主任等专家的高度评价。揭阳邱金元纪念中学、惠来慈云实验中学、潮安区颜锡祺中学等学校一致认为我校的成果具有广泛的推广价值。

十二、课题研究存在的问题与思考

我校的有效教学研究虽然取得了一些成果，但也存在一些问题需要我们在今后的研究中解决，并在实践中不断完善。

首先，表现在教师的教学理论水平不足，教学科研能力有待提高，一些相关的研究论文和课例未能够准确体现课题研究的内容。教学研究要求教师能在平时的教学实践中，将自己的经验、感受及时总结提炼出来，而教师教学理论的不足，在一定程度上制约着研究过程的发展。其次，有效教学的相关文献资料太少，教师理论研究基础薄弱，所以教师需要不断加强教学理论的学习，并且注重经验的积累与总结，不断提高教学科研能力。与此同时，农村学校信息闭塞，在教学研究方面衔接不紧密，研究费时费力，需要相关人员理解配合，作为学校行政领导，更应该体谅支持。最后，由于相关研究处于零散化的状态，在研究的后期需要做大量的对比、归纳、提炼的工作，在总结中挖掘出更多可供指导教学的内容。

总之，我们相信，只要踏实地进行教学研究，就一定能够带动学校教师的整体积极性，就一定能形成"以研促教，以教带学"的局面；只要我们农村中学的学生能够从根本上乐学，就一定能够真正落实课改的要求，提高整体素质。我们坚信，这一天终将到来。

农村中学心理咨询室建设的研究

潮州市潮安区宝山中学课题组

一、问题的提出

（一）课题提出的背景

目前，学校学生的问题层出不穷，心理健康问题更引起人们越来越多的关注。一方面，社会的发展。竞争的激烈对人的心理素质的要求也越来越高，没有良好的心理素质，很难适应现代社会发展的要求；另一方面，大量的事实显示，现在中学生的心理状况令人担忧，相当大的一部分学生在学习方法、考试、应对挫折、人际交往、青春期心理适应等方面存在困扰，还有一小部分学生有神经症状乃至精神障碍。同时，升学的压力也给学生和家长带来巨大的压力，家庭的教养方式等方面的原因，也威胁着新一代学生的身心健康。教育部颁发的《中小学心理健康教育指导纲要》指出："心理健康教育的主要任务是全面推进素质教育，增强学校德育工作的针对性、时效性和主动性，帮助学生树立在出现心理行为问题时的求助意识，促进学生形成健康的心理素质，维护学生的心理健康……"种种状况表明，学校、教师、学生、家长都在呼吁加强对学生进行心理健康辅导，这是新时代的要求，也是素质教育的要求。

学校咨询室的建设和使用是中小学心理健康教育的重要标志、特征和平台。近年来，在国家政策的大力支持下中小学心理健康教育逐步兴起，中小学心理咨询室建设工作也得到了较快的发展，我国中小学心理咨询室建设大致可以分成三个阶段。

第一阶段，初步呼吁阶段

20世纪80年代中期，我国部分学校和机构开始进行学生心理健康情况的调查，少数中小学开始进行心理健康教育的尝试，在发达的大城市，开始出现心理健康教育的学校。

第二阶段，推进发展阶段

1999年，教育部颁发了《关于加强中小学心理健康教育的若干意见》，规定"各级教育行政部门和学校要积极为心理健康教育创造必要的条件，大中城市具备条件的中学要逐步建立和完善心理咨询室（或心理辅导室），加强心理健康教育的辅导。"开始涌现出一批心理健康教育特色学校。

第三阶段，全面推广阶段

2002年，教育部制定印发了《中小学心理健康教育指导纲要》，明确规定"大中小城市具备条件的中小学要逐步建立和完善心理咨询室（或心理辅导室），配置专职人员。"2012年教育部修订了《中小学心理辅导室建设指南》，要求规范心理辅导室建设和遵守辅导伦理。心理教师要通过开展个别辅导和团体辅导，指导帮助学生解决在学习、生活和成长中出现的问题，排解学生心理困扰。因此，心理咨询室作为中小学开展心理健康教育的重要场所，正在各地加快建设步伐。

时下，虽在大力推广中小学心理健康咨询室的建设，但在实际推进过程中，很多学校的心理咨询室没有真正发挥其相应的作用，而是成为像"花瓶"一样的摆设。有些学校虽然设立了心理咨询室，但是建设过于简单，随便腾出一间房间，摆上一张桌子、椅子，然后在门口挂上一块牌子，并临时指派几个教师"兼职"心理咨询室的工作……如此简陋的咨询室，是根本无法开展心理咨询和心理辅导工作的，又怎能为学生的健康成长保驾护航呢！

在农村中学，这种现象越发严重，没有专业的心理咨询老师，没有专门的专业的心理咨询室，再加上学校领导对心理健康教育的认识不到位，为了应付上级的检查，而临时组建出来的心理咨询室，根本没有发挥其应有的作用，形同虚设。学校心理咨询室不只是一块牌子，更是对学生实施心理健康教育的有效载体，学校必须正确认识并充分挖掘心理咨询室的功能，让其有名更有实。

（二）国内外的研究现状

学校心理辅导从萌芽发展至今，已逐步走向完善和成熟，在许多国家的实践中，已形成自身的特色，以美国为首的西方国家走在建设、实施和研究的前沿，发展完善且全面。学生心理辅导从家庭到学校再到社区全面覆盖，全员参与。学校心理咨询机构并非孤立的，而是与学区、社区、政府的心理辅导相联结的，得到学校心理专家的专业支持与指导，由政府强力执行，保证了师资力量。而以日本、韩国为代表的深受西方教育模式影响的国家，其发展也是迅速而系统的，在不断实践和探索的过程中形成本土化的教育模式。

我国的心理辅导室发展过程必然也要经过这样一个过程，但我们可以借鉴他们的经验，缩短我们的时间。我国心理辅导室的发展研究比较晚，而且在推进的过程中也存在一些问题，现阶段正处于规范建设阶段，各省对心理辅导室的基本标准和规范做出统一规定，对心理咨询室的建设更加重视。因此，在现阶段，对学校心理咨询室的建设进行研究，有利于我们从自身的实际出发，不断完善心理咨询室的建设，更好地开展心理辅导和咨询，不断壮大心理咨询的队伍，调动教师积极参与到心理健康教育当中，从而更好地发挥学校心理咨询的功能，共建和谐健康的校园氛围！

（三）课题研究的意义及研究价值

学校心理咨询是学校心理健康教育的一个重要方面，学校心理咨询的发展主要靠的是心理咨询室的建设和辅导队伍的发展，拥有一个功能完善，管理有序的心理咨询室和一支咨询能力高超、职业道德高尚的心理咨询队伍，是学校开展心理咨询的有力保障。开展心理辅导与咨询同预防性的心理健康教育活动相结合，不仅可以丰富农村中学心理健康教育的内容，而且培养出一批掌握心理健康教育理论和操作技巧的老师，对于解决我国目前学校心理健康教育师资缺乏的燃眉之急，对于普及推动学校尤其是农村学校心理健康教育的深入发展，对于更新学校心理健康教育的形式，对于提高学校心理健康教育的实效性，对于优化学生的心理素质，进而促进学生整体素质的提高和个性的和谐发展来说，都将具有重要的理论和实践意义。我校是普通的农村中学，学校教育经费有限，投入到心理健康教育的经费更是有限。虽然我校很早就被评为省级心理示范学校，但学校心理咨询室的建设还是相当落后的，所以想借着课题的研究契机，完善学校心理咨询室的建设，使心理咨询室的建设更符合标准，能更好地发挥其功能，服务于学生，并且把我校心理健康教育的示范性作用彰显出来，为周边的兄弟学校提供更多、更好的借鉴。

二、研究目标与研究内容

1. 研究目标

从本校的实际情况出发，以广东省关于《中小学心理健康教育工作规范引导》三个文件为指导，通过对课题的研究，建设完善学校的心理咨询室，规范心理咨询的工作，提高学校的心理咨询水平，使学校的心理咨询健康教育更具实效性和科学性，充分发挥示范学校的影响力，为兄弟学校提供借鉴，共同推进农村中小学心理健康教育的发展。

2. 研究内容

心理咨询室的建设在农村中学比较滞后，很多学校只是为了应付上级的检查，临时划分出学校的心理咨询室，并安排兼职的老师进行值班，但这都是走走形式，没有发挥其实际的辅导功能。所以，如何建立符合标准的心理咨询室并发挥其心理辅导的功能，是我们这个课题主要研究的内容，具体内容可以分为以下几点：①加强心理咨询室的制度建设；②学校心理咨询室的功能定位；③如何从实际出发，合理配置设备；④心理咨询队伍的建设；⑤学校心理咨询室的发展对学校心理健康教育的影响；⑥学校心理咨询中存在问题及应对措施。

三、研究的实施

第一阶段：准备阶段（2016年6月—2017年1月）

总结学校心理咨询室开展心理辅导的经验，学习广东省关于学校开展心理健康教育的指导文件，联系专业的装修团队，对心理咨询室进行各功能室的设计并装修完善。同时，寻找支持课题的理论依据，向广东省中小学德育研究会申报课题，申请立项，并按时召开开题报告会。

第二阶段：启动阶段（2017年2月—2017年5月）

成立课题组，制定课题研究计划和实施方案，对课题组成员进行分工和必要的培训。

第三阶段：实验阶段（2017年6月—2018年5月）

本课题，主要采用文献研究法、观察法、经验总结法等，通过制定实施计划、开展活动、总结经验等几个步骤来完成。各部门的分工明确，积极配合，有效沟通，为课题的开展提供有利的条件。在此期间，举办课题报告会，进行多种形式的调查，进行阶段性总结并形成阶段性成果汇报。

（1）定期举行班主任培训，学校通过讲座、案例学习、优秀班主任经验介绍、外出拓展训练等形式，组织全体班主任学习心理学的知识和心理咨询技巧。倡导广大教师尤其是班主任成为心育教师。

（2）德育与心育结合，学校通过心理咨询知识的宣传和学生成长自我教育等活动，形成良好的心育氛围。

（3）各班主任研究本班情况，在班级建设与管理中融入心理学理念，做好典型个案心理辅导的积累，帮助学生理解、认识、发展自我，培养学生良好品质，促进学生个性发展。

（4）开展学生同伴教育，培养心理委员成为班级的心理咨询员，激发学生自我教育和教育他人的潜能，使学生真正成为学校心理健康教育中的主体以及生力军。构建学生与学生之间积极向上的心理氛围，让心理咨询走进学生当中，更好地帮助学生。

第四阶段：结题阶段（2018年6月—2018年7月）

总结提炼课题实践与理论的全部成果，形成结题报告、培训材料、论文等研究成果。

四、研究的基本方法

1. 文献研究法

在课题研究过程中，通过认真学习教育部颁发关于《中小学心理健康教育工作指导》等文件，通过各种渠道了解学校心理咨询室的建设研究现状，吸收和借鉴先进的教育理念，及时洞悉研究的最新情况，给课题研究以有力的指导。

2. 观察法

通过观察参观其他学校的心理咨询室，获取有关课题的资料积累，了解实验所取得的成果。

3. 行动研究法

通过制定计划—行动—观察—反思等步骤，发现问题、找出症结、解决问题、反复研究。有针对性地对课题计划做及时的修改与调整，使课题研究顺利进行。

4. 经验总结法

在实验过程中，组织主研究员与参研教师定期或不定期地开展经验交流与总结，积极撰写有一定价值的经验论文，采取总体规划、分步推进的研究策略。

五、研究成效

1. 领导重视，教师观念转变，校园心育氛围好

孔子曾说过，"知之者不如好之者，好之者不如乐之者。"即"好学不如乐学"，我们教育者要注重对学生心灵的引领，让快乐成为学生成长的原动力。万育归心，"心育"是教育的根本，育人如果不育心，任何教育都不可能成功。教师作为学校的育人者，更应该转变以往传统的教育思想，把心育纳入日常的教育教学活动中，在辅导学生的过程中，能根据学生的心理发展特点及规律，更好地帮助学生走出学习和生活的困境，迈向美好的未来。我校自2010年被评为省心理健康教育示范学校以来，学校领导更加重视心理健康教育工作，把心理健康教育纳入学校整体工作当中，成立了学校心理健康教育领导工作小组，制定并指导工作计划的实施，并配备两名心理学专业教师开展心理辅导工作。

自课题研究以来，课题组教师的教育观念有了很大变化，研究实践使教师认识到学生的心理健康教育只靠专业的心理教师是不够的，广大的教师尤其是班主任教师也是学生非常好的心理辅导者，也能有效地对学生进行心理咨询活动，成为学校的心育之师。教师们通过学习心理学知识和心理辅导技巧，提高对心理咨询的认识，积极地去尝试，在工作中认真贯彻心育精神，做好学生的心理老师，从而更有力地促进了学校教育教学工作开展和班级管理。我校已渐渐形成了以班级为单位，以班主任为主导，面向全体同学，良好的班级心理环境和情感氛围，并通过多种手段开展心理健康教育。其目的在于探索一套符合学生心理特点的，集活动、训练、辅导和教育于一体的心理教育模式。

2. 成立学校心理辅导中心，健全完善心理咨询室

我校的心理辅导中心位于科学馆的二楼，环境优美，宁静温馨，给来访学生一种舒适松弛的感觉，是一个能让人畅所欲言的好地方。心理辅导中心共由

四个部分组成，分别有宣泄室、团体活动室、个别咨询室和办公室，每个功能室的大小适中，布置合理。咨询室除了配备柔软舒适的沙发，还有沙盘，可供来访学生使用，环境温馨舒适，是学生放松心灵的地方。阅览室摆放了一些内容健康而且适合中学生年龄特点的书籍杂志，包括青少年身心发展规律和心理健康知识等方面内容的专业书刊，可供学生阅读。同时也购置了学校心理档案软件，具备许多常用的心理测量工具，更能方便快捷地了解来访学生的心理状态，为心理咨询提供有效的保障。宣泄室配备跑步机、音乐播放器、拳击柱和防撞墙，当学生需要发泄的时候可以通过这些器材宣泄，为自己的不良情绪找个合适的出口。团体活动室是进行团体辅导的场地，装修活泼，灵活的课桌椅有利于开展团体辅导，也是心语社团进行社团活动的重要场地。学校成立心理辅导中心，配备了两名专业的心理专职教师开展日常的心理健康教育工作和接待来访的学生。同时也建立起一种"问题学生—班主任—专业心理教师"心理辅导模式，这样让更多的班主任老师参与到学生的心育中来，让学生的心理问题得到及时的化解，提高心理辅导的有效性。学校心理辅导中心有规范的管理制度，每个功能室也有自己的管理制度，有利于对咨询工作进行开展和管理，是开展学校咨询工作的必要保证。学校心理咨询中心是一个服务性的机构，因此需要一定经费的投入来支持和保证它的正常运转和添购必备的心理健康教育设备。目前，我校每年加大对心理咨询室的投入，不断完善心理咨询室的建设，从而更好地发挥它的作用，更好地为学生服务。

3. 注重班主任教师的培训，为心理咨询的顺利开展提供师资支持

目前，我校有两名专业的心理健康教育专职教师，从事学校日常心理健康教育工作。但学校心理咨询的发展，仅靠专业的心理教师是不够的，广大的班主任教师，他们是学生经常能接触到的人，他们可以了解到学生的学习、生活、情感等各方面的信息，能在第一时间了解学生的心理状态，也是学生遇到难题时最先想到的倾诉对象，让班主任教师也成为心育工作者是非常必要的。因此，我校针对一线的班主任老师进行了一系列的心理专业知识的培训。班主任教师虽然有非常多辅导学生的经验，也能为学生解决一些情感上的困惑，可是相比专业的心理辅导还是不能达到令人满意的效果，这就要求这些教师学习相关的心理学知识，通过不断的学习和日常工作的开展，尽量达到将学生心理问题引发的重大事件控制在萌芽之中，并掌握一般心理问题的排查与解决技巧，能很好地区分学生出现的问题，是否属于心理问题或品德问题，关注学生的心理动态。我校定期组织教师学习心理健康教育知识，或校本讲座培训，或聘请韩山师范学院的心理学或教育学的教授对班主任教师进行培训。目前我校取得心理健康教育A证的教师有两人，B证的有六人，C证的有一百多人。学校兼职心理教师队伍不断扩大，让每个班主任都能成为心育之师，从而更有效地发展学校的心理健康教育。为了增进心理健康教育教师之间的沟通和交流，推动心理健康教育工作的开展，学校定期举行教研例会。该例会由学校心理咨询中心负责组织，全体专兼职心理健康教育教师参加，每学期举行两次。例会的内容主要是围绕近期心理教育中遇到的突出问题、疑难问题展开，参会人员共同研究、商讨解决方案，形成规范化的教育方式。同时，学校心理辅导中心根据例会中反映的情况，掌握学生的心理动态，制定相应的工作措施。由此可见，交流会不仅仅是一个交流和学习的平台，更是一个内省工作的机会，为心理健康教育教师，特别是兼职教师开展学生心理健康教育提供依据。

4. 重视学校与家庭的配合，让心育走进每个家长的心理

在学校开展心理咨询工作，不能忽视家庭对学生成长的影响，家庭教育也是学校教育的补充与延伸，并且影响着学校教育效果，也是学校教育所不能代替的。学生出现了心理问题，很多都跟家庭教育有关，有必要的时候，我们也会跟家长联系，让家长参与到学生的辅导当中。同时，家长如果能了解并掌握一定的心理知识和沟通辅导技巧，也能在一定程度上避免学生心理问题的出现，或在学生遇到一定的心理问题时能及时求助。因此，家长也是学校开展心理咨询工作的重要成员，要加强学校和家庭心理健康教育的沟通，优化家庭教育环境。心理健康教育融入家长学校的阵地，为家长介绍青春期学生的心理特点及如何与学生进行有效的沟通，如何了解学生的心理困惑及学生有困惑了家长如何辅导等。我校积极与家长联系，开展生动有趣的亲子活动，讲授专业的心理讲座，定期进行家长交流活动，更新家长的教育观念，让更多的家长参与到学校的心理健康教育中来，做好学生的心理咨询师。

课题研究成果：

（1）构建了我校心理咨询以发展性辅导为主，补救性辅导为辅，专业渠道与常规渠道相结合，全员参与的心理辅导模式。具体表现在：第一，建立了专业规范的心理辅导室，定期进行心理咨询；第二，成立了一支由专业心理教师为主导，班主任老师参与的心理咨询辅导队伍；第三，建立和创新了心理社团的活动形式；第四，建立了网络心理管理平台，让心理健康教育走向规范化；第五，让心育渗透到班级管理中，提高教育的实效性。

（2）提高了教师的科研能力。在此期间编写了《班主任心育校本培训内容材料》，通过收集班主任教师的辅导个案，集合汇编《课题成果论文集》，极大地提高了教师的心理健康教育的水平，同时也提高了教师的资料收集整理的能力。更大限度地发挥了心育的影响作用，让更多的教师参与到心育中来。除此之外，还有一些老师的多篇论文在县级获奖，吴楚斌主任的《爱人者，人恒爱之》获得区二等奖；苏淑萍老师的《高中班主任德育工作的实践与思考》获得区二等奖；吴伟溧老师的《初三班主任工作案例》获得区二等奖；陈淑宇老师的《班主任如何成长为学生的心理健康教育的导师》获得市三等奖等。

（3）自开展该课题研究以来，学校一直以提高学生的心理素质为目标，努力构建学校良好的心理氛围，不断探索适合学校发展的心理咨询模式，使得我校的心理健康教育得到家长及社会的充分认可，获得良好的社会声誉。在此期间，周边的兄弟学校组织老师参观了我校的咨询室建设，并进行了工作的交流，有效地推进了我校心理健康教育工作的发展并为兄弟学校提供了很多的借鉴，为我区的心理健康教育的发展起到了推动作用。

六、课题研究存在问题与思考

农村学校心理咨询室的建设及开放，是学校心理健康教育工作的重要阵地，但心理咨询是一种自愿性的成长，学生并不是由班主任推着来咨询室的，所以要让学生自觉走进心理咨询室。除了班主任的心育辅导外，还需要加强心理咨询的宣传力度，让学生能有心理自我察觉的能力并能够自我求助。

班主任教师在日常的教育教学活动中，自觉充当学生的"心理保健医师"，在心理保健的时间上、空间上有更好的体现，也是学校心理咨询师资上的有效补充，但无形中给班主任教师增加了巨大的工作量，增加了班主任的工作压力，如何处理或平衡好这种状态，还需不断探索。

本课题研究只是一个起点，在今后的工作中，还需要进一步加强和规范心理咨询室的管理和开展具体的教育活动，让心理咨询室发挥其应有的作用，这样才能更加全面地促进学校心理健康教育的发展。由于农村中学各具特色，适合我们的不一定适合所有的农村中学，每个学校的实际情况都不一样，每个学校对于建设心理咨询室的研究探索是各不相同的，我校将以此次课题研究为契机，继续探索。

农村中学学生社团活动与学生自主成长的关系研究

潮州市潮安区宝山中学　张鸥

一、问题的提出

20世纪90年代以来，全国上下积极改变应试教育，推进素质教育。随着素质教育越来越深入人心，学生的自主性和独立性渐渐受到人们的重视。同时，正在进行的新课标课程改革的理念是要以"德育"为核心，以"培养学生的创新精神和实践能力"为重点。然而，现在的中学生大多是独生子女，性格冷漠、孤傲，再加上学习占据了他们相当多的时间，因而生活体验和自然体验明显不足。特别是农村中学的学生，其父母多外出打工，常年不在身边，家庭教育严重缺乏，造成学生沟通能力、协调能力较差。而学校"学生社团"的建设正好为学生健康个性的形成和能力的培养提供了一个新的平台。

我校是一所办学理念先进，教学设备现代，管理制度科学，又不乏特色的普通高级中学，是由香港知名人士、香港潮属社团总会创会主席陈伟南先生独资赠建、潮安区教育局直属领导的一所省一级完全中学。在其他农村学校学生社团建设严重滞后的时候，我校的学生社团建设开启了农村中学的先河，走在各农村中学的前列，不断壮大发展而且日益凸显特色。我校现有教学班61个，其中高中有42个班，初中有19个班，有学生3600多人。办学成绩得到了社会各界人士和港澳同胞、海外侨胞的充分肯定，先后获得"广东省文明单位""广东省美丽校园""广东省安全文明校园""潮州市德育示范学校"等光荣称号。自申报课题研究以来，学校在办学的各个环节中着重关注学生社团活动对学生自主成长的培养，努力把学生社团教育锻造成为宝山中学办学的一个重要特色。

二、课题的内涵界定

所谓"学生社团"，就是指具有相同兴趣爱好的学生，从自己的兴趣发展需求出发，为促进自身知识能力的发展，活跃课余生活，增强实践本领而自发成立的各种主题类别的团体。学生社团活动是指在学校统一管理下，在具有特长的教师指导与带领下，由一批具有共同的志趣、爱好和特长的学生自愿组成的群众团体。自主成长是一种方法、概念、精神，强调给学生一种自主意识、自主能力、自主空间、自主选择；是在学校的教育教学活动中，为学生提供自主发展的空间，立足于学生的未来发展，培养学生具备未来社会和未来生活所要求的基本素质，要让学生在教师的指导与培养下，根据自身的基础、特点和要求进行自主学习、自主探究、自主应用，使学生的情感、智力、个性、人格得到有效的发展，做到自尊、自爱、自立、自强。学校团委从学生终身发展出发，辅助学生建立各种社团，为学生发展提供平台，促进学生综合素质的提高，培养学生自我管理、自我服务、自我教育的能力。课题中的"关系"是指学生社团活动对学生自主成长所起到的作用，当然，在这当中也包括学生自主成长对学生社团活动的反作用。研究主要是指在学生社团活动与学生自主成长两者关系明确的基础上，对学校学生社团发展，以及对学校教育、学生能力培养方法的指导，形成具有指导意义的方法论和基本发展模式。

我们认为，学生在校时间较长，除了正常的教育教学过程之外，组建学生社团活动已成为课堂教育的延伸。基于社会发展、培养人才的需要、新课程改革的要求，学生社团活动为高中生提供自主成长空间，能让学生了解社会、拓宽视野、提高自身素质等，成为学生自主成长的重要载体和课外活动的主要形式。实践证明，学生社团活动其具有的群众性、民主性、多样性、创造性和对综合能力的培养吸引着广大学生的参与，这样的大平台需要我们共同构建、支持和促进，是学校教育方式的新尝试，同时，也是校园文化建设的重要内容。

三、课题研究的步骤及方法

1. 研究步骤

研究步骤分为如下四个阶段：

第一阶段：准备阶段（2013年4月—2013年6月）

（1）寻找支持课题的理论依据。

（2）鉴定并论证课题。

（3）向广东省中小学德育研究与指导中心申报课题，申请立项。

（4）召开课题开题大会。

第二阶段：启动阶段（2013年7月—2013年10月）

（1）成立课题组。

（2）制定课题研究计划及实施方案。

（3）对课题组成员进行分工和培训。

第三阶段：实验阶段（2013年11月—2015年5月）

（1）举办课题报告会。

（2）进行多次、多种形式的调查和试验。

（3）进行阶段性总结。

（4）阶段性成果汇报。

第四阶段：结题阶段（2015年6月—2015年10月）

（1）课题材料整理。

（2）实验成果汇报。

2. 研究方法

（1）文献研究法

在课题研究过程中，通过各种渠道了解学生社团活动的研究现状，吸收和借鉴先进的教育理念，深入挖掘课题的深厚理论底蕴，及时洞悉研究的最新情况，给课题实验与研究以有力的指导。

（2）观察法

通过观察学生在参与社团活动中的表现获得有关实验的资料。

（3）问卷调查法

通过问卷调查、访谈学生，掌握学生实验前后的表现和收获情况，了解实验所取得的成果。

（4）对比实验法

通过对本校不同类型社团进行对比研究，通过数据和成果对照说明问题，获得实验效果。

（5）统计学法

运用统计学法对实验中所得的数据和资料进行统计分析、归纳总结，得出实验结果。

（6）行动研究法

教育实验具有动态性，在实验过程中可以随时根据实验的具体情况，有针对性地对实验研究做局部的修改与调整，使实验顺利进行。

（7）经验总结法

在实验过程中，组织主研究员与参研教师定期或不定期地开展经验交流与总结，积极撰写有一定价值的经验论文，采取总体规划、分步推进的实验策略。

四、具体的实施情况

两年来，我校结合课题的研究，依照有关的文件精神开展工作，主要内容如下所示。

1. 坚持育人为本，理论联系实践，深入开展课题研究，形成具有重要特色的新型农村教育模式

如何将我校发展成为一所具有新型农村特色的学校，是我校品牌战略发展规划的重要举措，也是发展我校办学特色、增加我校社会信誉度的需要，更是我校开展课题研究的重要目标之一。从2008年开始，我校就提出了"以提高教学质量为中心，以校园文化建设为依托，走适合学校发展之路，实现学校跨越式发展"的发展思路，从那时起，校园文化建设便成了我校的重要工作之一，并渗透到德育与教学的常规工作中。自申报课题研究以来，在各级领导的关怀下，在全校师生的共同努力下，我校的学生社团活动取得了一定的成效。从2011年的街舞社单一社团的建立，到如今发展成集舞蹈、声乐、动漫、武术、书法、文学、计算机、棋艺等为一体的多元化社团，社团总数为19个，社员人数达1000多人。我校是潮安区中学中为数不多的具有多元社团的学校，更为难得的是，这样的一所中学竟然是来自农村，填补了农村中学学生社团缺失的空白。随着课题研究的发展，相信会对我校接下来的学生社团发展和学生教育方向具有明显的指导意义，并且能更进一步促进我校持续、优质、健康、和谐的发展。

2. 从实际出发，开展内容丰富的社团活动

自2013年申报课题《农村中学学生社团活动与学生自主成长的关系研究》以来，我校就一直关注学生社团发展与学生自主成长之间的关系，力求全面正确地把握好两者之间的关系，并通过研究两者之间的关系来指导学校未来的教育工作。学生成长不是一朝一夕的事，需要有目的有计划地对学生进行持久的教育，才能真正提高学生的能力，达到教育的目的。依据不同年龄阶段的学生特点，结合我校的实际情况，学校设立了专门可供学生社团活动的场地，如开放礼堂，让街舞社的成员可于每天中午12：30—13：40进行交流训练；开放音乐室供声乐社成员进行训练。不同的社团在各自的活动场地自主地进行活动，使每个社员充分得到交流和发展，同时影响学校其他非社团成员，提高学生对社团的认知度和满意度。学生从之前对社团认识很少，甚至一无所知，到如今认知度达到90%以上，自愿加入社团的达到85%以上，不得不说，这些与近阶段学校大力支持学生社团发展不无关系。

3. 构建一支业务素养优秀的指导教师队伍，保障工作的顺利开展

学校要有效开展社团活动，并让学生社团活动在学校教育中发挥作用，首先必须配备相应的专业教师，这样才能让学校学生社团活动的开展更具专业化。2013年开始，结合课题研究的需要，我校配备了专业的社团指导老师，负责协调学生社团活动中出现的各种问题，指导学生如何开展活动。目前，学校社团有指导教师9名，吴翠霞老师主要负责吉他社、beatbox（简称B-Box）协会、声乐社、舞蹈社及乐器社，利用课余时间指导社团成员，在发音、敲击、排演等方面都有所涉及；陈纯洁老师负责英语角，指导出版了《英语角》刊物；舒淇老师负责动漫社、书法社、摄影社；郑奕钊老师负责街舞社、羽毛球社、武术社；陈勇老师负责计算机协会、魔方社；陈丽璇老师负责文学社；孙奕伟老师负责棋社、话剧社；陈淑宇、江晓明老师负责心语社、环保社。这些指导老师，对学生的影响极其重要，他们的思想动态直接影响到学生的价值观念。同时，这些指导教师经过严格筛选，不仅基本功扎实，而且政治觉悟高，还具有一定的理论提炼能力，在教育指导的过程中，能够形成相应的理论指导意见，服务后来者。

4. 整合学校资源，全面打造农村中学社团活动教育新特色

学校学生社团的初期发展，离不开学校领导的大力支持，后期的升级发展，同样需要学校的资源给予支持。在初期，社团成员对社团的认识不足，活动的举办缺乏基本的组织和协调能力，使得社团的活动充满障碍，对此，我校领导高度重视，特意开放了几个闲置的活动场地给各社团平时训练和活动，特别是聘任了多名专业教师对社团进行跟踪指导，使得社团的活动能力大大提高。陈淑宇老师利用晚间时段，在学校心理健康实验室进行心理能力辅导；舒淇老师利用晚练时间培养学生的绘画能力，如刘学文同学的素描静物作品就出版在我校的《社风》学生报刊中。经过一年的训练和指导，我校社团大胆实施了走出去战略，通过加强与周边学校社团的联系和交流，提高社团的知名度，如与松昌中学、瓷都中学、区职业技术学校、金山中学、高级中学和澳门培华中学进行文艺交流，学生在社团的活动中，在与其他学校社团的交流中，他们的沟通能力、协调能力得到了很好的锻炼。

五、研究成果

在各级领导的关心和支持下，在学校各部门的密切配合下，我们积极开展多种形式的社团活动，营造了良好的校园文化氛围。现在，学生的整体面貌好，积极向上，开朗活泼，遇见困难有一定的求助意识，善于调节自己的心态。同学之间和睦相处，尊敬老师，孝敬父母，并表现出强烈的集体荣誉感，能做到爱校爱班，形成奋发向上的精神风貌，在学校生活的舞台上，每位学生都展现着自己蓬勃的朝气。

两年来，我校办学规模超常规发展，但教学水平依然保持稳定，各年级各学科在抽测考试（考核）中合格率达95%，达到各学科学业评估指标的要求。高考成绩不仅取得了大丰收，而且年年有新突破。学生对学校社团的认知度和参加社团活动的积极性也明显提高，大多数学生在抗压能力、受挫能力的培养上得到前所未有的提高。在现阶段，社会上时不时会出现这样或那样的学生问题时，我校在这方面一直保持良好的声誉，深受广大家长的好评。我们认为，学校教育是做人的教育，学生的可塑性极强，通过培养学生自身的能力来达到教育的目的，可以达到事半功倍的教育效果，而学生社团的建立，正好充分发挥了学生的主动性，激发学生学习锻炼的兴趣，变被动教育为主动学习，观念的转变出了一种新型的教育模式。

两年来，我校社团活动在省、市、区各级比赛活动中取得了非凡的成绩，如2014年3月，摄影社和计算机协会联合创作的校园微电影《纸飞机》完成发布；2014年5月，摄影社孙培煌、黄晓婷等同学联合完成了首份摄影纪念册；2014年7月，计算机协会林德炯同学的作品《厦深高铁宣传设计》参加"第十五届广东省中小学电脑制作活动"获得高中组电脑设计一等奖；2014年7月，计算机协会孙伟龙、许晓彬同学的DV作品《深圳寻梦》参加"第十五届广东省中小学电脑制作活动"获得高中组"魅力岭南"学生DV创作三等奖；2014年9月，英语角出版了社团的首份社刊《英语角》。在学校的各项工作中，社团活动也扮演着重要的角色，如2015年5月，宝山中学沁绿学生会社团部出版了首份关于学校学生社团活动的宣传报《社风》；2015年5月，学生会完成了社团活动学生心得体会集整理。这些成绩的取得和工作的落实，都离不开社团对学生的培养。

在课题的研究过程中，我们对社团活动的意义达成以下几点共识。

1. 社团活动丰富学生的生活，促进学生智能的全面发展

现代智能理论认为，人的智力是多元的，而且人的智能发展是不均衡的。不可否认，传统的教学活动是发展和提高学生智能的基本方式，但由于长期受应试教育的影响，课堂教学在发展学生智能方法上出现了严重片面化的倾向。我们的教学大多不考虑学生的智力特点和水平，只片面进行所谓的智力训练，只用单一的标准评价学生，分数高，则一切都好，分数低，则一切都坏。这些都严重摧残学生的个性，更不利于学生和谐地发展，学校社团活动在某种程度上弥补了这些不足。

2. 社团活动有助于学生综合素质的提高

社团组织的专项训练是引发学生个体素质的原因，在反复的训练中，学生便形成某种气质，或者说个性，这就是社团活动对于学生个体"素质"提升的作用。我们把"知识和技能的运用"，看成是"素质的外在形式"，这是从静态的角度来看的，实际上"知识和技能的运用"是素质形成的重要途径，我们说"实践出真知""行为形成素质"，而社团活动的重要价值也就是促使学生某种素质的形成。

3. 社团活动有助于培养学生健康的心理

现代社会生活节奏的加快，社会竞争的加剧，势必反映在学校学生的生活中。由于考试、升学的压力，家长的要求，再加上青年学生正处于心理由波动向成形转化的阶段，而社团活动给成员提供了一个舞台，让他们在这个舞台上体验到成功和快乐。我们知道兴趣是人生动机的最根本的源头，是促使人去寻找各种相对应关系的最原本的动力。学生社团是建立在共同的兴趣爱好，相同的价值观基础上的一个群众性团体。在没有强制、行政命令的情况下，社团活动的顺利开展需要每个成员有责任心、爱心、团队意识，那些富有爱心、奉献精神的社团成员会得到大家的尊重认可，这在无形中强化了学生积极而健康的心理。

4. 给学生以温馨的心灵空间

学生通过兴趣爱好活动，使压力得以释放；通过探究和成功而获得喜悦，所以说社团组织，不仅培养学生的动手能力，劳动智慧，而且为他们拓展无尽的心灵空间，促使他们产生积累奋斗的意志和力量，在温馨和喜悦中形成对学校、对生活、对人生、对社会的爱。

除整体的学风、校风和学生的精神面貌变化之外，课题研究的成果还包括以下几个方面。

1. 构建了学校教育的新模式

课题研究以校园文化建设为依托，走适合学校发展之路，实现学校跨越式发展的新型教育模式。以学生为主体，将教学知识、能力的培养落实在具体的行为上面，寓教育于活动中，注重学生的情感体验、能力培养和心理感悟。让学生在活跃的社团活动中增长见识，茁壮成长。

2. 明晰了中学生社团活动与学生自主成长的关系

相互促进影响。经过两年的跟踪调查，我们发现，中学生社团活动与学生自主成长的关系是相互促进影响的。学生们参加学校的各种社团活动，不仅学习了各社团的基本技能，而且在社团的各种活动中，他们参与组织策划的能力随着时间的推移而日渐提高，而学生自身能力提高了，又会反作用于自身社团，加快社团的建设和完善，我校社团数由2013年的5个发展到现在的19个就是一个很好的说明。在调查中，我们发现，学生在参加社团前和参加社团后出现了明显的变化，学生在参加社团前，对社团的认知度不到15%，对如何组织一场舞台表演的认知度不到10%，对活动组织的过程应该注意的事项毫无了解，但是在参加社团之后，学生对社团的认识度达到90%以上，并且完全有能力组织一场大型的舞台表演。同时，他们收获的不仅仅是能力提升，还有心理素质的锻炼，经常参加社团活动的学生，在日常的生活中，其抗压能力、忍耐力都要比普通的，没有参加社团活动的学生要强。在遇到危机事件和突发事件的时候，这些学生往往能够很好地处理，正因如此，我校在最近三年内，没有一起学生打架斗殴事件，校园的违法犯罪率始终为零，这也是我校开展社团活动教育所取得的最明显成效。

3. 通过研究两者关系，确立社团建设和学生能力培养的方向

在对社团活动与学生自主成长的关系研究中我们发现，有些社团的发展极其迅速，有的社团虽成立较早，却很难有所突破。在对学生的问卷调查中，学生对各社团的兴趣度，街舞社占76%，舞蹈社占78%，文学社占60%，书法社占34%，魔方社占20%，在问及原因时荣誉感占80%，团队合作占78%，个人能力提高占52%。由此可见，社团的发展与社团自身给社员带来的荣誉和社员之间的交流合作有密切关系，我们在建立社团的时候不要随意发展，而是要根据学生的兴趣，发展那些团队合作要求高，团队荣誉感强的社团；同时，社团成员的人数也应有所控制，不宜过多，如2014年街舞社人员达到216人，人员较多，出现了人员多层次问题，给社团的管理及健康发展造成障碍（社员能力、层次不同易引发内部矛盾）；同样，社团人员数量也不应过低，如2014年成立的魔方社，社员人数只有10人，人数较少，不能有效开展社团内部，以及社团之间的交流活动，使得社员之间存在感、荣誉感低，在社团活动中有被边缘化的情况。我们认为，中学学生社团人数应控制在30~50人这个区间最好。

同时，对过分强调社员自身能力的社团则很难有所发展，而荣誉感和合作精神是现阶段农村学生自身极想拥有的，在学校教育中，但凡能给予学生荣誉感的事，都是有意义的教育；但凡能促使学生自主合作的事，都可以放手给学生做。

在2013年，街舞社作为学校最大的社团出现了内部分裂，社团内部学生分裂为对立的两队，彼此之间产生了很大的矛盾。作为社团成员都不愿意看到社团分裂而失去活力，在这种情况下，有社团成员及时向老师汇报情况，请求老师介入协助管理。原因是社团有关负责人职责不清，对社团管理不到位，跟社团成员没有充分交流，社团宗旨和思想没有统一，只注重个人自己技术提高，没有对整个社团进行有效组织管理。指导老师在对情况仔细了解之后召开了街舞社全体社员大会，向社员重申社团宗旨，以及学校对社团及社团成员培养和教育的目的，对社团成员提出希望，让社团上下都清楚自己为什么要参加社团，自己该如何做好在社团中的角色，既然参加了社团就要有强烈的团队意识，每个社员都要为社团的存在和发展负责；同时专门对社团负责人进行指导动员，提高他们的管理组织能力。短短一周时间街舞社又团结了起来，回到了应有的活力水平。

2014年，书法社和文学社都出现过社员参与不积极、活动难以组织开展的情况，调查了解主要原因都是社团有关负责人本身对社团理解不到位，对社员的思想交流不足，缺乏开展社团活动的点子和信心等。所谓"心有多大，舞台就有多大。"针对社团负责人缺乏经验、信心不足等情况，学校调派指导老师加强对社团学生负责人的培养，指导学生社团自管自治，独立组织交流活动、化解各方面矛盾，及时总结经验，感受参与社团活动后的收获，为自己的成长以及有效开展社团活动树立信心。一帆风顺的成功让人欣慰，但像这样的挫折也是我校学生社团在成长过程中非常好的经历，为以后学生社团发展和学生自主成长提供宝贵的经验总结。

4. 编辑出版校园读本

学校编辑出版了《学生社团活动剪影》《课题研究成果集》《学生成长日记》《社风》《英语角》《渊泉》等报纸刊物，通过收集学生的心得感悟或教师的教育个案，集合出版为学校的校园读本，极大地提高了学校教育的水平，同时也提高了学生资料收集整理的能力，更大限度地发挥社团活动的教育作用，让更多的学生与老师参与到社团活动教育中来。

六、课题引发的启示与思考

自参加课题研究以来，我校自觉地将学生的课外活动教育工作与课题理论研究有机结合起来，做到思想同心、目标同向、工作同步，成了开创我校课题研究新局面的一项有力措施，也是提高我校科研工作实效性的重要途径和形成我校办学特色的一个切入点。同时，掌握学生成长过程中的心理变化、能力变化和思想动态，观察学生的动态因素，利用学生自身的兴趣特征，引导学生参与社团的建设和活动的组织，并对比先后的能力差距，从而收集相关数据，服务课题研究，达到预期目的。然而，我们也发现，鉴于自身能力的差距以及研究对象的变化，对相关的数据分析还缺乏深度挖掘，对数据反映出的关联因素还有待继续分析提炼。同时，又因为农村中学自身的特殊性，部分研究的方法难以落实。但我们相信，教无止境，教无定法，我们将以此次课题研究为契机，继续探索。

下篇

润物无声

"双减"政策背景下农村中学教学实践探究

潮州市潮安区宝山中学　张鸥

每次提到教育的减负，我们或多或少都会有疑问，中国教育负担自屡减不降的原因是什么？当前的以"减轻义务教育阶段学生作业负担和校外培训负担"（以下简称"双减"）与以往的减负政策有何不同？我们知道，目前我们所提的"双减"旨在使学校回归育人本质，促进学生全面发展。当前，许多农村学校面临"减易增难"的问题。作为一所农村中学的校长，我开始思考、探索"双减"政策背景下学校的教学实践应该如何开展。

学校的教学活动，表面上看是教师的"教"和学生的"学"，其根本的任务在于落实"立德树人"，但育人的手段绝不是单纯的知识传授，而应是德智体美劳全面培养，以德为先。国家减负屡减不降，在我看来，既有国人"学而优则仕"文化属性的因素，也有升学导向的因素；既有家庭原因，也有社会原因。如何在学校教育与家庭教育和社会教育中找到一条相互认可，共同为之努力的教育之路，就显得非常重要；特别是作为农村中学，本身在教育实践中较之城市中学就存在缺师资、缺人才、缺资金、缺生源、缺成长氛围的"五缺"局面，加之"双减"政策下课后服务的开展，就使得农村的教育短板更加突出，使得该减的负担减不下来，该增的素质能力又增不上去。学校与社会、家长之间的矛盾就更加突出。

我认为，要真正落实"双减"的政策，必须先厘清过往历史减负政策失效的原因，才能从根本上制订出一套切合实际的方案。

一、历史教育减负政策失效归因

首先，自1949年以来，我国教育有关"减负"的改革主要体现在三个方面：一是在20世纪50年代中期以"身体健康为目的，减轻学生负担"的初期探索阶段；二是20世纪80年代中期"推进素质教育，缓解升学压力"的观念转变阶段，以及中间短暂提出"大力减轻智育负担"的矫正阶段。从现如今再次提出"双减"的政策来看，很明显，之前的减负措施取得的效果并不是很理想。对历史上三次减负进行对比分析，我们不难看出，历史上三次减负都是单方面从政府的层面出发要求减负，它忽略了教育实践中重要的因素：学校、家庭和社会，忽略了"万般皆下品，唯有读书高"的社会文化属性。中国社会层面一直就存在着一定的"文化基因"，这种社会"文化基因"维系着民族的认同感，保证着社会的文化传承，在一定程度上甚至是规制着社会走向，当这种"学而优则仕"的文化基因形成的时候，就在一定程度上影响着社会各阶层的人对子女教育的重视程度，强化了千百年来本已根深蒂固的考试文化。这与"减负"的措施本就是相冲突、相抵触的。

其次，从学校本身来看，教育的评价对教育的导向起着十分重要的作用。长期以来，以升学为评价导向的基础教育自然演变成各校相互竞争、拼抢生源的主战场，为提高学校的升学率，各校在外自然是使尽浑身解数拼抢生源，在内更是最大限度地挤压学生的学习时间，凡是中考不考或比重不大的学科尽量不开设。这在一定程度上导致了原本就不被重视的体育、艺术类科目被边缘化，而作为农村中学，原本就在这些学科方面表现得先天不足，相关专职教师招又招不来，留也留不住，就使得这种情况更是雪上加霜。

最后，从家庭来看，随着国家经济的发展，国民的生活质量不断提高，大多数学生家长"望子成龙，望女成凤"的心理更加急切，加之民办学校的兴起，以其灵活多变的政策优势不断吞噬各地的公办学校的优质生源，使得原本就重视智力培养的公办学校变本加厉地开展主流学科教学，所谓的素质教育、减负等只能是被搁置，或者推行效果大打折扣。因此，只有合理处理好社会、家庭与学校三者关系，改变原有固化的认识，才能从根本上落实"双减"政策，达到真正意义上的减负。

二、重构社会文化属性是落实"双减"政策的前提

从历次减负失效归因的情况来看，这里面既有社会因素，也有家庭因素，更有学校的因素，要处理好三者的关系，使其达到相对平衡，才能更好发挥"双减"政策的功效。只要"万般皆下品，唯有读书高"的社会文化属性不发生改变，学校教育中就很难避免出现"唯分数论"，而要改变这一文化属性，单单靠某一政策的出台，或是某一学校的经验成果是很难达到的，我们需要多方面的合力渗透，才能从根本上扭转这种认知。首先，国家"双减"政策的出台，本身就是以政策干预的形式进行导向，对政策落实加强督查，在一定程度上对不按要求执行的教育行为具有一定的约束力；其次，大力发展职业教育，拓宽了学习的路子，使素质教育的发展有了培育的环境氛围，鼓励发展职业教育，对单一升学模式的教育也是有好处的；最后，国家开始实施公办、民办教育同等政策，基础教育就近入学，取消择优入学等措施，也进一步使教育变得更为公平，一方面分流的职业教育，能使个别有技术才能的学生得以发展，也使得多元教育的实施变得可能；另一方面，公办学校不用再为生源而发愁，可以更加有目的落实国家的教育方针。

三、践行朴素家庭教育是落实"双减"政策的方式

当社会教育的文化属性发生改变的时候，势必会改变家庭教育的目的，家长不再以分数论成败，对子女的教育自然要重新审视，原本的健康、快乐的生活方式，人性中崇尚的真、善、美等朴素的教育观将更多地体现在我们的家庭教育中。作为学校的管理者，在教学的实践中，要不断加强家校联系，定期召开家长会，将学校的育人思路和教育理念与学生家长交流，改变家长固化的家庭教育观念。通过家长会，让家长了解学校教育的方法，共享教育的成果。要大胆举办校园开放日活动，把学校的育人成果加以展现，让家长看到子女的闪光点，坚定对学校教育的信念。作为农村中学，在教育发展的过程中，要大力挖掘农村的教育资源，结合学校的育人方针，开展特色学校教育活动。通过学生社团，将农村勤劳、朴素、拼搏、诚实的人文特色融入学生社团的建设中，大力培养学生优秀的品质。为了更好地实现"双减"政策的目标，我们需要着眼于各利益相关者主体，推进农村学校教育优质化，树立农村家长正确教育

观。基于这种朴素教育观念培养出来的学生，将更具有社会创造性，更具有社会奉献精神，更敢于担当，更加能够体现"立德树人"，以德育人的教育根本任务。

四、完善教学实践是落实"双减"政策的保证

重构社会文化属性，践行朴素教育理念，都只是从社会层面和家庭层面做出的优化，对于一名教育工作者来说，真正落实教育方针，检验教育成效势必离不开学校教育。目前正值国家大力实施"双减"政策，作为农村中学，如何借此东风实现教育局面的逆转，就需要我们结合农村中学的特征，深入探究，找出一条符合自身发展的教学之路。

学校教育离不开三个要素：教师、学生、课程设置。教师的教、学生的学以及学习的内容和方式，都将直接影响到学校教育的成效。在"双减"政策的加持下，"满堂灌"或"题海战术"都不能再成为教师课堂的主要教学形式。学生也不应停留在简单的听、记、背，单一的教室授课形式也将被改变，作为农村中学，要善于借助自身的区域特征，努力开辟出一条具有自身特色的发展之路。

"双减"在减轻学生负担的时候，力求要做到增效，这对整个教育的过程提出了更高的要求。它不仅表现在课堂教学实践上，更是延伸到课后服务活动以及教学评价方式上。

首先，课堂教学的落实，首要在于教师，要想达到课堂教学减负增效，教师应该在备课环节做足功夫，要立足于课程标准，从学科素养培养的角度出发，把每节课要落实的知识点有步骤、有体系地传授给学生，要准确把握好学生的知识水平，找准学生的兴趣点，引导学生有兴趣地学。为准确把握好教师的课堂教学质量，学校专门成立了教学督导委员会，由学校资深的、有学科影响力的学科教师构成，加强对学校课堂教学的检查。检查以随机听课的形式开展，通过听评课，帮助广大青年教师更早、更好地完成课堂教学内容，提升其教学质量。

备课环节除了备学生以及备课程内容外，为落实"双减"政策，检验教师备课能力的另一项工作就是备作业。课堂作业的设计总体要求就是调整结构，提高质量。要正确处理好"质与量""难与易""教与学"三者的关系，不能出现机械性、重复性、惩罚性的作业，要从培养学生的记忆能力转向培养学生

的迁移能力。通过例题讲解找寻解题规律，运用变式练习巩固已知规律，联系实际生活运用学科知识规律解决生活问题，经过这三个阶段的训练培养学生的能力。教师要根据班级学生的能力水平差异对作业进行分层，难易搭配；并依托课堂教学的阵地对教学内容，以及学的情况进行检验，基于"双减"政策的要求，在科学设计作业的前提下，如何操作学生作业又是一个值得考虑的问题。如果学生将课堂作业带回家，必定会挤压学生课后的活动时间，因此，在作业的操作上，我们可将作业分化到课堂练习及课后服务的活动中，通过设置选做题和必做题的形式来区分不同层次能力的学生。学校教研室根据要求，召开各年级、各学科备课组长会议，成立作业设计评定小组，对各年级各学科老师的作业设计进行评定，对优秀的作业设计进行展示，以点带面推进学校作业设计规范科学地开展。

其次，学生课堂成效出来了，就可以腾出更多的时间拓展自己的能力，培养自己的兴趣。在此，学校就要对课后服务进行统筹规划，将美育、体育、劳动教育等内容融入课后服务中。对此，作为农村中学似乎享有得天独厚的资源，学校将以学生社团为抓手，大力发展社团活动，利用课后服务的政策导向，将着力开展劳动教育，培养学生团结、勤劳的特点，通过劳动，让学生养成热爱劳动、热爱生活的习惯，在劳动与生活中品味生活的酸甜苦辣，不断加深学生对生活真谛的理解。学校通过广播站，培养有播音爱好的广播员，通过广播员来传递学校的好人好事，来分享美文美篇，拓宽学生的视野，抚慰学生的心灵；通过设立党建文化园地解说员，培养学生爱党爱国的道德情操，让学生在解说的过程中体悟中国共产党人最初的那份忠诚和执着；通过开辟劳动园地，开展农作物种植，让学生理解大自然的馈赠，学会珍惜与感恩；通过筹建泥塑培训班、节令鼓队等学生社团，让学生领略地方传统文化魅力，感受地方文化传承人的伟大，增强学生的文化自信。"双减"背景下的课后服务，应该成为学生拓展技能、培养兴趣、增强文化自信和理想信念的辅助手段。作为农村中学的校长，要以特色教育为学校办学的突破口，在受"五缺"短板限制的局面下，通过特色教育的发展，不断提高学校在周边的知名度，进而改变现有困境，通过课后服务培养起来的理想信念、意志等精神将进一步促进学生在智育方面的发展，达到"五育"并重，齐头并进的效果。

除此以外，要想巩固学校教学实践的成果，教学的评价方式应该做出改变。我们要改变以往"唯分数论"的单一教育评价方式，建立起以学生德行、技能、知识水平等为评价内容的多元评价体系。改变以往重结果的评价方式，建立以重过程为主的评价方式。学校要在教学的过程中，对学生进行建档跟踪，通过学生的成长记录，对学生在受教育过程中的表现进行比较分析，及时肯定学生的进步。重视学生在品德操行方面的表现，鼓励学生学习、开发各种技能，尊重学生在智育方面的成果。在学校的育人成果宣传中，要开辟品德操行奖，技能才艺奖，加大各种奖项获奖人员的宣传力度。学校要善于借用社会资源，扩大学校育人成果的影响力，通过地方电视台、报纸、自媒体等公共资源，宣传并展示其成果，逐步改变学生家长片面的认识，支持子女的个性化发展；学校要加强与社会企业的联系，及时了解企业用人特点，调整育人思路，让学校教育与社会发展能够紧密联系起来。

参考文献：

［1］邱惠."双减"+"双增"：农村学校育人方式变革的契机与路径选择［J］.现代教育，2022（2）：31-34.

［2］陈奕涛.新时期"双减"政策与农村义务教育发展：政策逻辑、现实影响与创新策略［J］.宜宾学院学报，2022，22（3）：65-76.

［3］于伟."双减"背景下教育评价的加减法［J］.中小学管理，2022（3）：61.

［4］钱晓敏，范勇.如何提升家校共育实效？：一项基于"学生作业检查"关键事件的研究［J］.基础教育，2022（1）：54-62.

［5］刘红斌.基于减负提质的学校教育教学系统优化［J］.中小学管理.2022（2）：57-59.

［6］吴金太.作业优化设计五"克服"［J］.思想政治课教学，2022（1）：53-54.

［7］周序，郭羽菲.减轻课后作业负担的关键在于提升课堂教学的有效性："双减"政策引发的思考［J］.四川师范大学学报（社会科学版），2022（1）：110-116.

［8］杨晓梦.为"减负"破局：探寻作业管理与改进的实践智慧［J］.中小学管理，2021（10）：13-17.

改变农村高中历史课堂传统教法的路径探索

潮州市潮安区宝山中学　陈佳春

随着国家和地方政府对农村教育的不断投入，农村中学的教学条件已有极大改善。但是，由于师资生源等因素的制约，一些学校基本上采取"一言堂""满堂灌"的传统教法，学生被动接受，难以对历史产生兴趣，学习效果很不理想。因此，借助新的教育理念和现代化教学手段，改变农村高中历史课堂以适应时代要求已刻不容缓。我根据自身在农村中学的教学实践，从四个方面论述对这一问题的认识，希望对教师同行能起到参考和借鉴作用。

一、在课堂教学中融入乡土历史

潮汕文化历史悠久，涌现出了许多宝贵的乡土历史资源。2017年，陈平原、林伦伦等人主编的乡土教材《潮汕文化读本》，按照学生不同的学习阶段，涵盖了童谣、诗词、人物、风景、物产、饮食、民俗等内容，是潮汕文化的百科知识文库。我在讲授统编版《南京国民政府的统治和中国共产党开辟革命新道路》一课中的"随后，起义军撤出南昌，南下广东。10月初，起义军在潮汕地区遭到敌人的围攻而失败"的知识点时，就引用了《潮汕文化读本》收录的许美勋《潮汕七日红——一九二七年红军到潮汕前后见闻》一文，向学生讲述了1927年9月23—30日，由周恩来、朱德、贺龙、叶挺、刘伯承等人领导的南昌起义部队南下广东，进军潮汕，在潮汕地区发动群众开展武装斗争，建立红色政权，最终因寡不敌众，起义军撤出潮汕，这个红色政权前后维持了七天，被称为"潮汕七日红"。这一历史故事让学生感悟到尽管红色政权存在时间不长，但却在潮汕地区播下了革命的火种，有力地推动了潮汕人民革命斗争的进程。实践证明，在历史教学中引入乡土历史，能激发学生对家乡历史文化的自豪感，提高历史课堂教学的有效性。当然，我们应该将地方化的乡土爱和中华民族的国家爱统一起来，促进地方化的乡土爱和中华民族的国家爱的"家国同构"，这样才是乡土教材未来发展的正途。

二、在课堂教学中融入其他学科知识

在现实生活中，有不少农村教师认为只要按部就班向学生传授历史知识，学生大致掌握知识脉络就可以了。显然，这种观点是站不住脚的。新时代的历史教师必须更新教育观念，要有勇于探索的创新精神，特别是对高中历史这门综合性较强的学科来说，对教师自身的专业素养提出了更高的要求。除了要具备扎实丰富的专业知识外，历史教师还要善于整合语文、物理、地理等多门学科的基础知识并运用于高中历史课堂中，帮助学生拓宽知识视野，促进学生思维能力的发展。比如，我在总结西方近代以来的科技发展历程时，对于牛顿创立的经典力学和爱因斯坦建立的相对论，则运用物理知识向学生指出两者之间存在的差异性，在此基础上说明相对论是物理学领域的一次重大革命，弥补了牛顿经典力学的不足，推动了物理学发展到一个新的高度。又如，我讲授统编版第6课《全球航路的开辟》时，则借助地球仪向学生指出西班牙、葡萄牙所处的经纬度，麦哲伦出发的地点、中途经过的地方以及他的伙伴返回西班牙的位置，以点线相结合的方式来说明当时一些航海家已经意识到地球是一个球体，引导学生要学习航海家不畏艰险、勇于开拓的精神，要深刻地认识到全球航路的开辟使世界开始连成一个整体。

三、在课堂教学中融入影视资源

近年来，广东省政府提出了要"加快推进教育现代化、建设教育强省"的伟大目标，并将其付诸行动。得益于此，很多农村学校配置了多媒体设备，有利于开展灵活多变的教学活动。基于新一轮课程改革的要求，我们势必要改变陈旧的教学观念，充分利用多媒体设备探索新的教学模式，使历史课堂变得丰富多彩。为此，我们可选取《中国通史》《世界历史》《百家讲坛》《凤凰大视野》等影视作品作为开展历史教学活动的资源。比如，我讲授统编版第五单元"晚清时期的内忧外患与救亡图存"时，借助多媒体设备让学生观看《中国通史》第100集"帝制的终结"精彩片段，使学生直观地感受近代以来无数的中国人为了民族独立和国家富强开展了艰苦卓绝的斗争历程，这有利于增进学生对知识的理解和掌握。值得注意的是，在课堂教学中融入影视资源，要努力做到在影视资源与课堂教学之间寻找一个平衡点，即选择合适题材，控制播放时间等，避免都力求形式多样而尽可能多地引用影视资源，最终导致学生忽略了文本、文字，而都将注意力集中到了影视资源上。这样做是为了形式而形式，没有立足于教学目标，没有为教学目标服务，更没有起到辅助教学的作用。

四、在课堂教学中融入课外实践活动

在新课程改革背景下，农村历史教师在开展课堂教学的同时，应该充分利用校内外资源开展课外实践活动，让学生在学习过程中能体验到历史的"触摸感"和"真实感"。比如，我所在的学校位于潮州市潮安区沙溪镇，该镇有着优良的革命传统，拥有桑浦山革命斗争史展览馆、东江特委桑浦山特区委驻地遗址——隐叟公祠、西林革命烈士纪念碑等十分丰富的红色文化资源，涌现了为潮汕人民解放事业而英勇献身的孙戊昌、孙木乾、孙应采、蔡巧香等革命先烈。值得强调的是，参与1925年两次东征军指挥进入潮州的周恩来十分关注桑浦山的工农运动，于3月初、11月底两次到达西林乡紫来轩（今沙溪镇上西林村书斋巷）指导农会组织和革命斗争工作，极大地鼓舞了当地群众的革命热情，推动了桑浦山麓革命运动的深入开展。这是历史留给我们的一笔宝贵的红色文化遗产。带领学生参观这些革命遗址、遗迹时，我都会提前让学生收集和熟悉有关资料，进而在现场开展沉浸式师生互动，引导学生对课本相关知识点进行梳理和延伸，激发学生学习历史的热情。又如，我所在学校的"衍泽轩"陈列馆，是潮州市爱国主义教育基地，馆内收藏了学校创办人、旅港爱国实业家陈伟南先生获得的荣誉证书、赠品，以及纪念品等。为了展现爱国华侨对我国社会主义现代化建设的突出贡献，我带领学生一边观看馆内的实物、模型、文字和图片，一边讲解陈伟南先生精彩的人生经历，以及无私奉献的精神，既指导学生掌握了课本有关内容，也引导学生学习伟南先生的座右铭

"事业成功在于努力，人生价值在于奉献"，激发他们对国家、对家乡的报效之心。

随着新课标、新教科书的实施与推广，传统农村高中历史课堂的教法改革已是大势所趋。我在课程改革精神的指引下，结合自己的教学实践提出了改变农村高中传统教法的相应措施。这些措施有助于促进教师的专业化发展，涵养学生的历史学科核心素养，是创建历史高效课堂的有益尝试，相信对当今农村教育改革具有一定的启迪意义。

参考文献：

[1] 陈平原，林伦伦，黄挺. 潮汕文化读本（初中全一册）[M]. 广州：广东教育出版社，2017.

[2] 李新. 百年中国乡土教材研究 [M]. 北京：知识产权出版社，2015.

[3] 刘冬岩，林冰冰. 有"眼光"的教与学：视觉思维与课堂教学研究 [M]. 厦门：厦门大学出版社，2014.

（本文为广东省潮州市哲学社会科学"十三五"规划2019年度项目"挖掘红色历史文化资源，打造魅力高中历史课堂——以潮州市为例"的结项成果。立项编号：2019-A-07）

[本论文发表在《中学历史教学参考》（下旬·实践），2023年第6期]

教学管理工作中的"良种、良田、良法"模式

潮州市潮安区宝山中学　林元

袁隆平院士曾讲到影响水稻产量的三个主要因素：良种、良田、良法，由此联想到影响一个学校、一个年级、一个班级的学生的学习成绩主要因素不也应该是"良种、良田、良法"。从而教学的管理工作也可以从"良种、良田、良法"三个方面展开理论研究和实践工作。

一、育好"良种"是教学管理工作的关键

教学工作中"良种"就是学生有良好的基础知识和学习品质，但天然的"良种"毕竟是少数，所以问题是"良种"能够通过改造得到吗？应该怎样改造呢？从理论和实践上看"良种"是可以通过改造得到的。作为一名高三数学老师，我观察很多年发现，很多艺术生艺考上线之后第二学期回校复习文化课时都非常自觉、非常拼命，究其原因就是艺术生前期做了大量投入，现在学习目标非常明确，学习动力澎湃，虽然数学基础薄弱，但最终都能取得很好的数学成绩。所以改造一名学生一定要多关心多鼓励，用爱心去感化学生，让他明确学习目标，让他立下志向看向光明的前途，这样他才能发奋读书。一个学生如果能从内心深处暗下决心，真正发奋读书，我们便得到一个读书的良种。

二、整好"良田"是教学管理工作的基础

"良田"就是一所学校要有好的校风，一个年级要有好的级风，一个班要有

好的班风和学风，一个科组要有好的组风。只有有了良田，禾苗才能茁壮成长。

影响良好校风的一个更重要的因素是良好的师生关系。师生关系是教学质量的晴雨表，师生关系的好坏直接影响教学质量以及学生的考试成绩。良好的师生关系对于提高学生成绩是做乘法，这是很多教育界同行的共识，也是教育教学专家通过大量实验得到的结论。

老师要处理好与学生的关系一定要深入地了解学生，不仅包括学生的姓名、学号、各科学习情况等最基本的信息，更要深入地了解学生的性格、喜好、家庭情况等。一句话，就是要用心去了解和关注学生。在实际教学中有很多老师连学生的姓名都叫不出来，这样怎么谈得上处理好师生关系呢？所以教师在接手一个新的班级的时候一定要走访一下原班主任和原科任老师，详细了解学生的学习纪律情况，同时要翻阅学生档案了解学生的基本信息。结合现代信息技术建立一个班级群多与学生沟通。只要多了解学生各方面的情况，你就会对他们有爱心，就会不自觉地去关心他们的学习和生活。当学生知道老师了解他们的时候他们也会想了解你，这时你应该向他们敞开心扉把你的教学构想以及对他们的期望交代清楚。

当老师与学生互相深入了解之后就能形成彼此的信任，学生信任老师的教学，老师信任学生的学习。这样学生便能带着感情甚至是热情来学习，老师课堂上讲课的感觉也会大不一样，更能放得开，也会讲得更精彩。多注重课后与学生的互动可以实时掌握学生的学习和思想动态，有利于培养师生深厚的感情，促进学生学习成绩的提高。

只有当老师真正地为学生付出真心时，学生才会全身心地投入学习中去，老师的教学质量才有可能提高。所以教学工作者特别是"老教师"，更要特别重视处理好师生之间关系，避免与教材的距离越来越近而与学生的距离却越来越远的情况发生。而处理好师生关系的前提是教师对学生要有发自内心的爱心和工作热情，接下就是将这份爱心热情转化为更理性的行动。

良好的师生关系将直接影响校风、级风、班风，从而形成"良田"为培养英才打好坚实的基础。

三、用好"良法"是教学管理工作的重心

"良法"主要包括学法和教法。对于学法，学生普遍存在的问题是碎片化

地学习知识，只见树木不见森林，不能系统化地掌握知识，造成对知识理解不透彻、不牢固。正确的做法是学生学习每一章知识时应该先学习一下整章的目录，先对整章的内容有一个宏观的了解，不要一开始就去钻研它的枝枝节节。另外一个从宏观层面的理解就是要了解知识产生的历史及知识的相关应用。可以试着用一个真实案例去串通整章的知识。

对于教法而言有两个大方面需要钻研。

第一方面是学习专业知识以及相应的考试内容、考试难度、考试的题型等。这一方面的研究要在高一、高二年级落实的两个层次的要求。以数学科为例，第一个层次是熟悉教材的内容及体系，理解相应的课标的要求。高中数学主要由六大主干知识（三角函数、数列、立体几何、解析几何、概率统计、函数）、四大工具知识（集合逻辑、向量、不等式、导数）构成。其中高考的易得分考点是：二项式定理、复数、集合逻辑、向量、三角函数、数列。中等难度考点是：立体几何、解析几何、概率统计、函数与导数、不等式。高难度考点是：函数与导数。所以高一、高二年级教学的侧重点在于中低难度的知识点。对于中低难度的题目要求学生小心求证（严密逻辑解题），对于高难度的题目要求学生大胆猜想（合情推理解题）。

第二个层次是整理基本题型，掌握课程标准的要求。比如解三角形问题，总结起来主要有直接运用正余弦定理解三角形、已知三角形的边角关系求解三角形、图中有多个三角形、求边角的取值范围四类问题。新课程标要求有四个层次，分别是知道、了解、理解、会用。把这些要求把握好，教学就会有所侧重，而不会平均使力。另外注意强调一下解题的思想方法，注意解题思想是战略，解题方法是战术，比如我们解方程组的解题思想是消元降次，方法是加减消元法、代入消元法、乘除消元法等。所谓上升到解题思想就是上升到一解多题，在没有解题思想之前解方程组看起来有很多题，有了解题思想之后所有的解方程组看起来就是一个题。总之一句话，就是尽量使看起来复杂的问题简单化。

第二方面是要全面认识和了解所教学生的情况，包括学生的学习成绩、学习能力，以及学生的家庭情况等。同时要注意与学生的互动，包括与学生座谈，提供机会让学生发表对数学科学习的意见，以及对老师教学的建议等。

总之，"良种、良田、良法"是教学管理工作中的主要着力点，教师只要从这三个要素上去下功夫，就应该能够取得较好的管理成效。

内外兼修，提高学生生物核心素养

潮州市潮安区宝山中学　许晓娜

　　"核心素养"是近几年来教育领域的一大热词。2014年3月，教育部颁发《关于全面深化课程改革　落实立德树人根本任务的意见》，启动了新一轮课程改革。本轮课改，特别重视学生发展核心素养在各科课程标准中的落实，将制订发展学生核心素养体系纳入新课程标准中。因此中学生物教师应深入研究生物学核心素养，关注其内涵及其维度，理解理论的精髓，落实教育教学模式的改革与实践，提高学生生物学科核心素养。

　　在实际教学中，生物科的教学存在着以下问题：学校课程安排时间少（很多学校都是每周两节）；学生学习热情不高；很多学生和家长都认为生物是副科，根本不需要花时间和精力进行学习、钻研等。同时，很多一线老师还没有真正认识"生物核心素养"的内涵，在教学时，还停留在以前照本宣科，把课本知识一字不漏讲给学生听的旧圈圈，这显然是滞后于时代的。生物科教师应当积极进行反思，调整教学策略，改变传统的教学模式，使学生真正成为学习的主体，让学生在兴趣中学习，在探究中获得知识，并让他们在实践活动中解决问题，陶冶情操，培养生物核心素养。

一、巧妙创设教学情境，诱发学生学习兴趣

　　生物知识对很多学生来说，既熟悉又新奇。因为很多知识都是我们在日常生活中经常接触到的，我们的日常生活与之息息相关，这便为教师在课堂上进行创设课堂情境提供了可能性。但是，在生物课本中，一些概念往往是抽象的，需要学生具备一定的思维能力才能理解透彻。初中学生由于年龄的缘故，

缺乏思维和认知的能力。因此很有必要通过教学情境的创设，来帮助学生更好地理解生物学中抽象的概念和理论。比如，在讲授动物神经反射，解释"反射"的概念时，我为学生创设如下的课堂情境：询问学生是否理解反射的概念，结果学生均面露迷惘之色。突然提高声调，叫道：六十八号！全班同学一片愕然，寂静无声，都以为是这位同学违反了纪律，老师动怒了。与此同时，这位同学嗖地一下笔直地站了起来，手足无措。班上几乎所有的同学都屏息凝视，丈二和尚摸不着头脑。这个时候，我才不紧不慢地解释道：同学们，这就是条件反射了！这个时候，同学们愣了一愣，接着全班爆发出一阵哄堂大笑。那位同学也是如释重负，不好意思地笑了起来。后来，在期末考试卷上出现一道关于条件反射内容的选择题，全班仅一位学生做错。巧妙、灵活、合理地创设课堂情境，既增进了学生们对抽象知识的直观了解，调动了课堂气氛，激发了学生们学习生物科的兴趣，又使学生觉得原来上生物课也可以这样轻松、有趣，扣人心弦。

二、积极开展课内外生物竞赛，激发学生学习动力

要上好生物课，就必须激发学生的学习动力。除了必要的课堂适时鼓舞和勉励之外，尽可能地在课堂上开展形式多样的生物知识小竞赛，也是激发学生学习的动力重要的手段。生物教师通过精心准备，积极开展形式多样的课堂生物小竞赛，既可以活跃课堂氛围，又可以增强学生的荣誉感和竞争观念，从而为学习生物科提供原动力。我认为，在课堂中可以适当组织开展比如生物知识抢答比赛、生物知识辩论比赛等这些形式多样的比赛。生物科任老师可以根据所讲授课程的实际内容，设定与之相关的竞赛题目，将学生分组对抗或者小组对抗，实行抢答比赛，并将竞赛成绩列入期末考试总评成绩。我曾在自己任教的班级实行系列的生物竞赛，均收到了良好的效果。学生在竞赛活动中不仅放松了身心，一扫课堂教学的严肃沉闷，更重要的学到了知识，激发了学生学习动力，从而让学生更好地投入更多的精力到学习中去。

但课堂时间毕竟有限，教师在条件允许的情况下，可以利用课余时间开展一些更具实践性课外竞赛活动。如我就曾组织进行过一次盆景栽培比赛。在学期初，我分发给学生一些小种子，然后让学生在课余时间对种子进行培育，要求学生运用本学期所学的生物知识进行盆景栽培，比如利用顶端优势原理、植

物的趋光性原理等生物学知识进行盆景塑形，然后在期末的时候进行一次盆景展览比赛。让学生自己走上讲台对自己的盆景进行介绍。介绍在栽种盆景的过程中运用了哪些生物学知识。然后组织全班同学进行投票，评出等级。此类活动的开展，有利于加深学生对生物知识的掌握和运用，也能增强学生的动手能力，从而使他们在浓烈的竞赛氛围中激发学习动力，更好地将精力投入生物课的学习中来。

三、进行生物实践活动，开发学生实践能力

纸上得来终觉浅，教师除努力营造良好、热烈的课堂氛围之外，更应该鼓励学生走出课堂，深入到生活中去，在生活中学习生物知识，深化生物知识，实践生物知识。出于对学生安全因素的考虑，现在学校基本上不可能举办大型的野外考察或者科研活动。我因地制宜，在本校的操场一角开辟了一块小小的生物园地。园地布局全部由学生设计，发动学生从自己家里带来各种各样的植物进行培育。甚至还有同学挖了一个小小的池塘，养起了几条小鱼。在班级里面成立生物兴趣小组，将报名的同学编成若干个小组，每天早晨和放学后轮流对生物园进行维护和管理。并由科任教师指导，对课本相关的知识点做相对应的探究学习，整理、记录相关的数据，形成书面的总结，指导学生合理地运用课本知识进行相关的实践指导。这小小的生物园四季常绿，春华秋实，成了学生最好的"天然实验室"和休憩地。在实践活动中，同学们渐渐发现，原来生物课并不是那么枯燥乏味，而是和我们的日常生活息息相关，学习生物知识大有裨益，所以学习的劲头也就更足了。

四、积极进行实验探索，启发学生思维创新

一些农村学校硬件设施贫缺，实验器具简陋，连课本里面一些简单的小实验也很难开展。因此，在农村学校，很多生物教师限于种种条件，往往只注重课本的文字内容，而直接将实验跳过。我认为，这对学生学习的积极性打击很大，更不利于学生动手能力的培养，无法体现学生学习的主体性，达不到新课标的要求。我任教期间，经常努力带领学生开展课本相关的实验。由于有了生物园的开发，一些实验的原材料得到保证。然后尽可能鼓励学生自己动手制作相关的实验器具或者自带器具，来完成课本里面的实验。

除了坚持实验之外，我还发动学生积极探索，努力创新，打破枷锁，启发学生的创新思维，对课本的一些实验进行改良。比如在八年级课本中，有一个关于菜青虫取食行为的实验。课本的设计是将菜青虫虫卵隔离孵化，孵化后喂以十字花科蔬菜。然后，等成虫时置以用十字花科植物和其他植物混围而成的食物圈中。观察菜青虫的食物喜好，从而判断菜青虫对十字花科植物的钟爱是先天性行为。我认为该实验似乎存在一些疏漏，因为假如菜青虫从孵化出来后一直喂以十字花科植物，这有可能影响菜青虫的食物取向，从而影响整个实验的严密性。通过发动全班学生讨论，集思广益，最终我们没有局限于课本，改良了这个实验。我们同时将两组虫卵分别隔离孵化，孵化后一组喂以十字花科植物，另一组喂以其他非十字花科植物。等成虫后，再将两组成虫分别置于上文所述的食物圈中，再观察菜青虫的食物取向。实验证明，两组菜青虫最终均选择了十字花科植物。从而更好地达到了实验预期的目的。生物教师若能坚持实验，启发学生勤于思考，勇于创新，就会更有利于学生良好的动手能力和思维能力、创新能力的养成，从而提高生物课的实际效果。

综上所述，教师通过诱发学生学习兴趣，激发学生学习动力，开发学生动手能力，启发学生创新思维，从课堂内外全方位调动学生学习积极性、主动性，提高学生知识、技能、态度、价值观和情绪等方面综合素养，这样才是真正有利于学生自身的发展和社会发展的教学要求。

厉害了，我的城

——《围城》整书阅读指导设计

潮州市潮安区宝山中学　黄立荣

一、指导对象

宝山中学"渊泉"文学社全体成员。

二、阅读书目

《围城》。

三、素养目标

1. 语言建构

自主阅读现代文，提升现代文的阅读能力。

2. 思维拓展

在小组讨论探究中提升思维能力。

3. 知识技能

了解《围城》的基本情节、结构、主题；把握方鸿渐、赵新楣、孙柔嘉、李梅亭等主要人物的人物形象；探究、鉴赏小说的语言艺术，学会驾驭语言，在写作文时能准确、生动、形象地进行叙述和描写。

4. 情感态度

感受中国语言文字的独特魅力，陶冶情操。

四、教学重点

《围城》的语言艺术特色欣赏和借鉴，提高学生的语言表达能力。

文本简介：

《围城》是钱钟书所著的长篇小说，故事以方鸿渐的个人活动为线索，描绘了抗战初期知识分子的群相。该书是中国现代文学史上一部风格独特的讽刺小说，被誉为"新儒林外史"。

著名文学评论家夏志清先生这样评价："《围城》是中国近代文学中最有趣和最用心经营的小说，可能亦是最伟大的一部。"《围城》最为人称道的是精妙生动的描写，一个个妙喻把作者的想象力发挥得淋漓尽致，对人物的刻画入骨三分。《围城》还包含深刻的文化寓意。因为作者本身是鸿儒，他把一些文化批判巧妙地寄寓在小说中，彰显精湛的艺术造诣。总之，《围城》是部外行人读来有趣、内行人读来有味的伟大的小说。

五、学情分析

（1）高中生面临高考压力，时间紧、任务重，接触的文学经典著作偏少。选择的文本必须符合学生的阅读口味，要能引起学生自觉阅读的兴趣，《围城》结构相对简单，语言诙谐风趣，可读性强，容易为高中生所接受。

（2）高中生具备一定的文学鉴赏能力，能够从极具张力的语言中去领略中国汉字运用的精妙绝伦，分辨善恶美丑，感悟人生真谛。

六、教学方法

讲授法、讨论法、练习法、读书指导法、任务驱动法。

七、总体构思

立足宝山中学学生实际语文水平，结合日常教学情况，利用学校文学社这个载体，以《围城》生动、形象、有趣的现代文文本，带动学生进行现代文阅读。此次设计，主要从语言艺术特色兼人物品评、思想内涵等角度对《围城》进行研读。以读促思，以思促悟，以悟促写，注重学生与文本、学生与学生、学生与教师之间的对话互动，促使学生知识、方法、能力、素养的自我生成，提高学生对语言文字的驾驭能力。

具体教学过程分为三个学段，其中第一学段为一个月时间，第二学段为一个半月时间，第三学段为一个月时间。

八、教学过程

第一阶段：进城（通读文本）

1. 前期准备

教师应先精读围城，搜集并熟悉、掌握《围城》相关资料；学生每人自备《围城》纸质书一本，笔记本一本（做读书笔记用）。

2. 文本简介

教师对钱钟书的个人生平和取得成就进行介绍：钱钟书其人多趣闻轶事，这正是中学生所喜闻乐见的；他求学和治学的传奇性，也正是学生所向往的。这些都很容易激发学生的阅读兴趣，触发学生阅读动机。学生对作者产生崇拜，爱人及书，阅读其著作时自然兴趣盎然。教师同时对《围城》的创作过程、创作背景、文学史定位等做相关的介绍。

3. 熟悉文本

每个学生均制订一份个性化的读书计划，利用课余时间，自觉通读全书，在阅读的过程当中了解、熟悉《围城》的基本情节。

组织一次以《围城》情节为主题的知识竞赛，以教师口头提问学生抢答为主要形式，检查学生对文本熟知程度。让学生自行对照学月初制订的读书计划进行自我评价，评定完成情况。

4. 文本摘录

教师要求学生在阅读过程中将小说中自认为最精彩的人物描写片段摘录出来，同时将一些存疑记录在读书笔记本上。教师将每一个学生摘录出来的片段收集、编辑并打印成册，印刷分发给每一个学生。学生利用文学社活动时间进行自由朗读、探讨，简单把握小说主要人物的性格特征；将学生的存疑也收集起来，进行分类、整理，找出反映比较集中的问题，便于在第二学段对学生进行有针对性的引导探究，给予其明确的解答。

5. 文本感悟

教师在第一个学段的后半段，让学生每人完成一篇读后感，读后感内容以赏析语言艺术为主，兼以人物形象赏析、情节结构赏析、思想内容分析，让学生在写作过程中建立简单的整书框架。

第二阶段：观城（研读文本）

1. 学生讨论

首先教师将学生分成四个小组，成立探究小组，各组分工，组内再自行分工，利用课余时间，从不同角度收集《围城》的相关资料，如语言艺术特色、修辞手法运用、人物描写手法等赏析或探究资料，其中以语言艺术特色为主要探究方向。

然后结合进行文本研读，进一步熟悉文本，开展小组内交流探究，总结《围城》语言艺术特色和语言的表现手法，得出结论。

2. 读书分享

利用每周一次的文学社例会时间，以小组为单位，每小组选派一位代表到讲台上发言，畅谈本小组的读书心得和探究成果。每次读书心得分享安排两个小组的代表发言。每小组发言完毕，其余小组针对发言内容进行评议。教师最后对所有同学的发言进行点评、总结。

3. 教师指导

利用文学社集体活动时间，教师本人或邀请资深语文专家开设《围城》"语言艺术赏析"的讲座，或者播放一些专家学者解读《围城》的讲座视频，让学生开阔视野、拓展思维，指导学生从更多角度、更多途径去探究《围城》的语言艺术。

4. 文本改编

《围城》人物语言幽默诙谐，适合表演。以小组为单位，每个小组自行选取原文任一情节，将原文改编成小品或剧本，对文本进行二次创作，利用课余时间进行排练，在本学段的最后一次集体活动上进行演出比赛。在创作的过程中，要求将学生学到的理论、技能应用到创作中来。

5. 配音比赛

《围城》曾被拍成电视剧公映并引发热潮。因此可利用多媒体技术，截取相关视频，进行消声处理，然后让学生根据视频剧本进行配音比赛，配音以普通话为主，潮汕方言不限。寓教于乐，让学生在配音的过程中更深刻感受中国汉字内在的张力和艺术感染力。

6. 撰写论文

在感受语言魅力的基础上，学生进一步进行思考，挖掘文本内涵，及时记录，整理感悟和心得，将之连缀成文，撰写全书的读书笔记，围绕《围城》的语言艺术特色，撰写读书笔记。要求立足原文文本，论点鲜明，论据充分，进而形成学术小论文。

示例：

沈太太生得怪样，打扮得妖气。她眼睛下两个黑袋，像圆壳行军热水瓶，想是储蓄着多情的热泪，嘴唇涂的浓胭脂给唾沫送进了嘴，把黯黄崎岖的牙齿染道红痕，血淋淋的像侦探小说里谋杀案的线索，说话常有"Tiens！""Ola，la！"那些法文慨叹，把自己身躯扭摆出媚态柔姿。她身体动一下，那气味又添了新的一阵。鸿渐恨不能告诉她，话用嘴说就够了，小心别把身体一扭两段。

——钱钟书《围城》

结论：

（1）比喻、夸张等修辞的运用使语言生动形象。

（2）反讽手法的运用营造诙谐风趣的表达效果。

第三阶段：出城（悦读文本）

1. 重读文本

学生重新通读全书，回首初读时存疑之处是否已得到明确的答案，如存疑仍在，则及时在小组内提出，小组探究、解决。如还不能解决，及时和教师交流。

学生在阅读过程如有所悟，要及时捕捉灵感的火花，用红色笔在句旁空白处做标记，写批注、注解，加阅读心得，通过思考获取更深刻的感悟。

2. 推选优文

在组内成员互评的基础上，每个小组组内评出五篇优秀小论文，在课堂、教室宣传栏、班级公众号等处进行优秀读书论文展示。

3. 辩论比赛

为加深学生对文本的理解，教师可从文本中有争议的地方提取辩题让同学们进行辩论比赛。让学生在辩论过程中点燃激情，进行思维的碰撞，在碰撞中拓展思路，培养思维能力、逻辑能力、反应能力、合作能力和口头表达能力。

示例：

辨题："方鸿渐和孙柔嘉之间是否有真爱""方鸿渐和孙柔嘉最后是否会分开"。

总结：方鸿渐和孙柔嘉由"不爱到爱再由爱到不爱"这一过程恰好充分地体现了题目"围城"的内涵：在城外的人想冲进去，在城内的人想冲出来。

4. 创作比赛

因为《围城》是开放式结尾，所以可举行一次以"续写《围城》"为主题的创作比赛。评比时教师以语言接近原著为优作标准，让学生将学到的理论知识应用于实践，检查学生在"整书"阅读过程当中是否真真正正获得语文素养的提升。

5. 成果展示

教师将整个"整书阅读和研讨"过程中形成的读后感、读书笔记、征文、剧本创作等文字材料结集成册；将视频材料，活动照片等整理存档。并根据各小组和个人表现，评选一个"读书先进小组"和五个"读书先进个人"，报学校教研室并对其予以表彰和奖励。

九、教学反思

当前的高中生绝大部分没时间也没兴趣阅读经典文学著作，而提高语文核心素养的重要途径之一就是多读经典。《围城》幽默风趣的语言特点使它容易为高中生所接受，该书的语言运用也堪称是白话文著作的典范。《围城》还被改编成电视剧，为我们在研讨文本过程中提供了大量的直观素材，极大地扩展了我们的解读视野，有利于我们挖掘小说内涵。学生在阅读中，在活动中，深深感受到中国汉字的魅力，对语文阅读的兴趣浓厚，活动参与度高，创作热情高涨，实实在在提高了自身语文核心素养。

总体而言，本次教学活动取得了比较满意的效果。限于执教老师个人能力和客观条件的限制，一些地方仍不够完善，如个别小组组员语文素养跟其他小组差距较大等，影响了教学效果，以后将继续探索，对教学设计做进一步的改进和完善。

时代背景下初中地理教学
"双减"探索之路

潮州市潮安区宝山中学　陈林泳

"双减"是这两年来社会上的一个热点话题。何为"双减"？简单来讲它是指进一步减轻义务教育阶段学生作业负担和校外培训负担。作业减少了，学生的学习压力能得到适当缓解。减去了校外培训，学习回归课堂，家长的经济负担也减轻了。另外，"双减"政策的出台，一定程度上减轻了教育"内卷化"，利于学校教育教学工作的健康发展、回归主题。在国家大力推行"双减"政策这样的时代背景下，我将从教学设计去繁化简、减少作业量，以及开展师生课堂共创模式三个方面谈谈自己的初中地理教学"双减"探索之路。

一、教学设计去繁化简

很多教师，尤其是上岗不久的新教师，经常耗费大量时间与精力去设计一份精美的教案，看似内容充实，面面俱到，实际上课中，受老师授课思路和学生听课效果影响，会出现知识点漏讲、重读讲或讲不完的情况，影响了教学节奏和教学进度。举个例子：在采用PPT讲课时，很多地理教师为突出知识点习惯性穿插地图。如果每个问题每个知识点都配上地图，一个知识点多张图片，那么整个教学内容将变得非常烦琐冗长。一方面图文多了，教师讲解的时间也就增加了，从而打乱整节课的节奏。另一方面学生的注意力容易停留在图片上，忽略了听课的内容。我认为教学设计应该尽量去繁化简，尤其是在教学内容设计上，删减一些不必要的文字或图片，图文适量即可，注重质而不是注重于量。要分配好知识点讲解时间，减少对课件的依赖，避免内容过于冗长的情况。

二、优化作业设计，减少作业量

作业的减负，意味着学生们拥有更多闲暇时间去打篮球、游泳、爬山等，有了强身健体或放松身心的机会，让学生们做自己喜欢的事情，提高了学生们的幸福感。一些教师为了让学生巩固所学知识，布置了大量课后作业，很多学生表示作业做不完，自然也就没有了自由活动的时间。其实，初中阶段的地理学科，主要还是以培养学生学习兴趣为主，尤其是七年级学生，刚接触这门学科，对这一学科有一定的新鲜感和兴趣。给学生布置适量的作业，既能巩固课堂所学，又能让学生在规定时间内完成。教师应适当降低要求，站在学生的角度去精心设计作业。学生水平参差不齐，布置的作业内容过多或者题目难度高，学生容易产生厌烦情绪不想完成，或者干脆选择抄袭他人的作业敷衍了事。以地理教师布置的画图作业为例，画图确实能令学生加深地图知识，提高读图能力，但在现实中很多初中生的画图能力都一般，达不到教师想要的效果。比如要求学生课后去完成一幅《中国地图》或者《中国地形图》《中国气候类型分布图》等，学生需要在课本或地图册的地图上进行描摹，地图的轮廓完成后要把相关地理信息标记上去，同时要与原图进行比对，确保不落下重要信息，整个过程需要花费大量时间。初中阶段学科本来就多，各门学科课后都有一定的作业量，如果把画图布置成课后作业，一些学生可能无法按时完成。繁重的作业容易让学生产生反感，久而久之也就失去学习地理的兴趣。因此，我认为平时的作业可以多采用填图代替画图，填图比起画图，时间成本大大缩减了，也能促进学生提升读图能力。把画图布置到假期作业中，这么一来学生也有较为充足的时间去完成作业，也达到了巩固学习的效果。

三、师生课堂共创模式

师生课堂共创模式，有别于传统课堂授课模式。传统课堂就是教师台上讲课，学生台下听课，教师写板书，学生记笔记，整节课成了教师一个人的发言，这样的课堂，学生的学习效率是比较低的，学习效果并不理想。而师生课堂共创模式，就是教师先让学生（或学生代表）进行试讲，然后教师本人进行补充、分析、讲解，最后进行小结，以此来完成一节课的学习。这种模式符合新课改的要求，既能体现以教师为主导，以学生为主体的原则，又能活跃课堂氛围，提高学生的学习兴趣。

那师生课堂共创模式具体如何操作呢？要让学生能配合教师完成一段新课（或是一整节新课）内容的讲解。

教师方面：①备好新课。②备好学生。③备好教具。④提前做好人员安排，指导学生试讲（根据实际需要，学生可讲一部分或是讲整节课）。

学生方面：①充分预习新课，理清试讲的思路。②根据自己需要准备好相关材料（图片、模型或是书籍资料等）、地理道具（教具）。③了解多媒体（电脑、投影或智慧黑板）的一些基本操作。④利用课余时间进行试讲，锻炼语言表达能力和上讲台的勇气。

以七年级地理上册《地球的运动》一课为例。

课前准备：

（1）教师：安排一名（或两名学生，一人负责讲地球自转，一人负责讲地球公转）学生上台试讲；准备地球仪、相关图片、视频或课件（配合学生讲课使用）。

（2）学生：根据预习的内容，组织好发言，向同学们展示自己预习的成果、查找的资料及地理教具如何操作等，可以设置问题提问同学。上课过程中，要求其他同学认真听课，积极配合回答问题。教师可以协助操作不熟练或过于紧张的学生去展示PPT、图片（挂图），或是播放音频、视频等，同时观察学生试讲过程出现的问题。学生试讲结束，教师要给予学生肯定与鼓励，同时纠正存在的问题或补充试讲过程缺漏的知识点，再对新课的知识点进行归纳，最后整理板书（展示课件）。

当然，师生共创课堂的模式目前对教师们来说还是一种大胆的尝试，我认为初中的地理课堂，课本的知识点不算高深，学生只要稍加努力，便能很好的掌握。尤其是七年级的课堂，让学生参与试讲，既能锻炼学生能力，又能活跃课堂氛围。新模式开展后，我收到许多学生以及家长的支持与肯定。学生表示参与讲课的过程，既能学到宝贵的东西（认真预习、备课，学会搜集资料），又能锻炼自身的勇气，同时，上讲台才能真正体会到这三尺讲台的不容易。我为师生共创课堂，能让学生实打实掌握地理知识，也有助于学生提高学科成绩。学科成绩提高了，学习兴趣也就容易提升了。在往后的地理课堂中，我将争取更多的机会让学生一起来参与到共创课堂的乐趣中。

"过番"文化融入思政课程的路径探究

——以潮汕"过番歌"为例

潮州市潮安区宝山中学　陈烁

一、"过番"与"过番歌"

"过番"在闽语、客语、潮语中是指离开故土，移民海外，主要是南洋，即东南亚一带国家。"番"与"唐"相对，"番"指外国，"唐"指中国。"番畔"指海外、外国，"番客"指过番人，"番批"指"番客"寄回的钱。刘登翰（2002年）提出《过番歌》是产生于闽南并广泛流传在台湾和东南亚一带的长篇方言说唱诗。学者林朝虹等（2014年）提出，"过番歌"是指在中国侨乡或境外华人社区流传的以各方言族群先辈们到海外谋生为主题的民间歌谣或长篇说唱。基于此本文认为，"过番歌"是指在中国侨乡或境外华人社区流传的，主要讲述华侨下南洋谋生的民间歌谣或长篇说唱。

二、"过番歌册"中的潮汕文化研究

刘登翰先生做了大量重要性工作。他寻访搜集了大量"过番歌"，主要研究成果有：通过比较南安本《过番歌》（会文堂本和博文斋本）与安溪本《过番歌》，得出南安本重点描写"异邦谋生"，而安溪本重点描写"辞乡别亲"（1991年）。在艺术上，南安本基本是演唱者的叙述，安溪本则较为细腻。在《过番歌的产生和流波》中，通过资料分析，提出《过番歌》产生于迫使许多破产农民漂洋过海的彼时中国社会的现实和大多数华侨漂落异邦之后困顿的人生境况（1993年）。研究《过番歌》的版本、流传，提出"过番歌"产生的背景：一方面是帝国主义的侵略；另一方面是帝国主义对东南亚资源的掠夺性开

发，使东南亚经济获得一定程度的发展，其开发需要大批劳力。《过番歌》中具有大量劝业主题的文化意蕴（2002年）。通过分析"过番歌"，提出过番人的文化冲突，得出"过番歌"的劝世主题："番平千万不通行"（2014年）。刘登翰先生对"过番歌"的研究涉及版本比较、产生背景、劝世主题文化底蕴、海外华侨的遭遇，以及过番人的文化冲突等各方面。

国内大多数学者对于"过番歌"的研究，主要集中在以下方面：一是研究"过番歌"产生的原因以及"过番"的艰辛、劝世主题。陈婉玲通过俗语分析"过番"的艰辛，得出潮汕人主要是由于经济上的窘迫而"过番"（2010年）。苏庆华从客家《过番歌》切入，探讨早期客家移民到南洋的经历并分析"过番"原因，据其性质、内容对《过番歌》加以归类：第一类是夫妻别离，第二类是工作环境与艰苦生活，第三类是苦劝亲友、乡人切莫"过番"（2012年）。林朝虹和林伦伦通过比较客、闽、潮《过番歌》，得出客家、福建、潮汕等族群的《过番歌》是由于"家破无奈过暹罗"的经济原因而产生的，表达共同的劝世主题（2014年）。林涵通过搜集与"过番"有关的潮汕歌谣、俗语等，分析番客"过番"的经济政治原因及在海外的艰苦历程（2014年）。二是对某一长篇《过番歌》的个案分析，探究其文学特色、创作背景。梁春光从多个方面对《番客谣》进行详细解读，并进一步探讨梁披云传奇色彩的海外经历与艺术创作之间的关系（2010年）。洪映红对闽南语民间歌谣（过番歌、讨海歌）的个案探析（2011年）。

国内对"过番歌"的研究一般都涉及其产生的背景，对经济、政治原因进行探究，包括契约华工、交通工具等叙事背景，国内学者普遍认为，过番人基于自然灾害、经济贫困、帝国主义侵略和契约华工制而过番。

三、"过番歌"融入思政课程路径分析

高中政治学科是一门培养学生政治核心素养的学科，学生通过对政治、经济、文化等内容的学习，在提升学习能力的同时，学会如何为人处世，形成正确的世界观、人生观、价值观。"过番歌册"中蕴含着众多潮汕先人的精神品质和历史故事，既构成学生理解课本内容的重要情境，其背后的精神品质也与思政课程中强调的核心素养培养相契合。新课标强调高中政治教师需摒弃以往片面重视知识教学的教学理念，应当将培养学生道德品质以及思想意识观念等

作为教学目标，通过议题式教学法，将社会现象融入思政课程教学中。本文认为，潮汕"过番歌册"为高中思政课程提供了核心素养培养的议题实例，通过对潮汕华侨精神的挖掘，学生能将地域文化历史与高中政治课本的核心素养相呼应。

（一）利用"过番歌册"资源，培养学生核心素养

乡土资源的挖掘为高中政治课创新教学内容提供了条件。"过番歌册"中蕴含着众多潮汕先人的精神品质和历史故事，与思政课程中强调的公共参与相契合。

（1）"番畔钱银唐山福"。（海外挣的钱财是家里人的福气）

（2）"实叻（新加坡）景致真正好，也有牛车共马驼，也有番仔（外国的男人）对番婆（外国的女人），地有火车相（响）似雷。"

（3）"七成食番畔，三成靠本地。"（七成靠在国外打拼的亲人，三成靠自己）

（4）"缌条裤带出南洋，赚回钱银箱打箱。"（扎一条腰带去南洋，挣回来的钱财一箱又一箱）

"在康熙二十三年（公元1684年）开放海禁后，无以为生的潮汕人便纷纷漂洋过海。"先前前往南洋的亲人，在南洋聚居，番客定期从国外寄回番批以及回国后对南洋的描述，激起了当地人对"过番"赚钱的向往，所以大多数贫民受到这种激励产生"过番"的念头。"绍鹏，字昭程，号登云，孙望公长子，壮年赴菲律宾经营商贾四十余载……凡乡邻渡菲咸受提拔。……数年来，乡中往氓经商，抵埠金谓先到源和，或羁身或寄寓，咸受其昭涂公，号景轩欢迎，余若类此，可谓尊祖敬宗睦族者耶。"过番歌对于"番畔"谋生的美好生活描述，激起了潮汕人对"过番"谋生的向往，也是当前思政课程所强调的，培养学生敢于拼搏、奋发进取实现中国梦的价值体现。

（二）以"过番"历史为情境，提供议题式教学的情境创设

"过番歌"大多数反映了近代潮汕地区的历史事实，这些历史资料正是高中思政课程教学中不可多得的教学资源。例如高中思政课程必修一讲述中国特色社会主义，需要大量史料论证近代中国的基本国情，而"过番歌"中体现的近代潮汕地区基本历史现状，无疑构成丰富的课堂教学资源和情境创设。近代潮汕地区沿袭旧中国男耕女织、自给自足的小农经济，鸦片战争后，土地兼并现象严重，地主占有大面积土地，大多数农民可耕作土地有限，收入有限，同时地主所收地租率有剥削之嫌，这种地租率实际已超过"地五佃五"的对分制。而这时清政府以及地方官员又把不平等条约的赔偿强加给了农民，农民在自己温饱问题都难以解决的情况下，还必须承担沉重的税赋，生活苦不堪言。陈达的研究表明，沉重的赋税、佃租、自然灾害以及少量的耕作土地，使大量农民生活艰难，无可奈何，只能过番"卖咕哩"（即苦力）。

（1）"天顶飞雁鹅，阿弟有嬷阿兄无，阿弟生囝叫大伯，大伯听着无奈何，收拾包裹过暹罗。来去暹罗牵猪哥，赚有钱银多少寄，寄返唐山娶老婆。"

（2）"断柴米，等饿死，无奈何，卖咕哩（即苦力）。"

（3）天上一只鹅，人人有嬷（老婆）乃（只有）我无，想将起来冤杠绝。（"冤杠绝"即"绝冤枉"。潮汕方言，常见的一种倒装句。绝作甚解），拜别爹娘过暹罗，欲去暹罗牵猪哥。海水迢迢，父母真硗（潮汕方言，"穷"的意思），老婆未娶，此恨难消。

（4）心慌慌，意茫茫，来到汕头客头行（专营苦力出洋过往业务的客栈）。客头看见就叫"坐"，问声"人客（即客人）要顺风（出洋的雅称）"？一直来到实叻坡（新加坡），乜事无（没有找到职业），上山来做工，伯公"多隆"（伯公指土地神，"多隆"是马来语。怜悯、宽宥的意思）保平安。雨来（下雨）给雨沃（淋、洒的意思），日来（日出）给日曝（晒）。所扛大杉桁（大木头），所作日共夜。三更去淋浴，淋到浴来过五更。海水相阻隔，袂［方言（闽语）用字，译为不会］得唐山我嬷来拍抨（告量，安排）。信一封，银二元，叫嬷苦克勿愁烦。奴仔（孩子，泛指儿女）知教示，猪仔着（要）知饲，田园力落（力落即努力、勤苦意思。）作。待到赚有，紧紧回唐（唐山的简称）来团圆。

上面四首"过番歌"，依次写了男主人公因为家里没钱，要到泰国去打工赚钱，回家娶老婆；男主人公家里没钱买柴米，为了不被饿死，只能出卖苦力"过番"；男主人公离开父母去泰国做给猪打种之类的下贱工作，赚钱回来娶老婆；男主人公去新加坡扛大木头，夜以继日工作，希望赚钱回祖国与妻子儿女团聚。从这些过番歌中，我们可以看出近代潮汕地区"过番"农民的基本情况，家境贫困，难以为继，不得已离开田园。他们离开祖国，到海外从事的当地社会语境中的"低贱工作"，但是在工作时他们也心系家乡亲人，没有定居海外的意愿，而是希望存钱回家与家人团聚或者回家娶妻生子，这段历史也是高中政治研究中国特色社会主义的发展以及马克思主义的唯物史观重要的教学资源。

（三）基于"过番"历史设置探究学习，引导学生自主探究

历史是最好的教科书。将"过番歌"作为史料资源，有利于学生进一步理解课本中的理论知识，将课程理论与历史资料、现实情境相结合，从而作为高中思政课程教学的教学资源补充，提高教学资源的文化价值底蕴和社会现实意义，同时培养学生运用马克思主义唯物史观分析和解决社会问题的能力。将"过番"历史融入思政课教学，要求教师需做到守正创新，不是简单的历史重现，而是挖掘历史资料中的现实意义。因此，教师可以基于近代"过番"历史设置探究式学习，引导学生将潮汕文化与课程内容进行有机衔接，运用课本知识剖析近代潮汕"过番"历史，从而开展自主探究。

（1）洋船（红头船）到，猪母（母猪）生，鸟仔豆，缠上棚。洋船沉，猪母眩（头晕目眩），鸟仔豆，生枯蝇。

（2）红首黑睛，海上恐龙，穿洋过海，大显其能。上至天津，下达马辰（今印尼一个商港），帆开得胜，船到功成。

（3）暹罗船，水迢迢，会生会死在今朝。过番若是赚无食，变作番鬼恨难消。

（4）火船驶过七洲洋，回头不见我家乡。是好是劫（灾难）全凭命，未知何日回寒窑。（回寒窑，借取薛平贵回寒窑与妻王宝钏团聚的历史故事）

（5）火船一到七洲洋，回头再望我家乡。父母亩仔（妻子和孩子）个个哭，哭到我心如着（中）枪。

上述五首"过番歌"交代了近代潮汕地区交通工具的演变史，也是一段生产力的发展史。唯物史观强调人类社会的基本矛盾是生产力与生产关系，上层建筑与经济基础之间的矛盾。这要求生产关系一定要适应生产力发展状况，上层建筑一定要适应经济基础状况。上述"过番歌"谈及，早期社会交通工具主要为红头船，该交通工具受自然因素的影响较大，"番客"出行取决于天气，如果途中遇上天灾，极易沉船丧失性命。从19世纪60年代开始，轮船取代帆船，成为华南到暹罗的主要交通工具，"轮船由于其烧火锅炉和醒目的激水明轮，而在近代中国又被称为火轮船、汽船等。"由于旅途安全性大大增强，旅

费大大降低，这极大地推进了潮汕人"过番"。因此，教师可以从生产力发展角度，剖析社会发展现状，突出史料的现实意义，引导学生开展探究式学习，提升高中思政课程教学的资源的社会现实价值和文化底蕴。

（四）以史料论证课本观点，提高学生政治素养

下面七句"过番歌"，揭示了契约华工时期的华侨被骗或被暴力胁迫而出洋卖苦力的悲惨经历，以及在"猪仔船"内华侨如何受到摧残虐待。这种"过番"方式，有别于传统的自由过番，充斥着辛酸血泪，通过这些"过番歌"与必修一近代中国社会内容的相互呼应，学生能进一步掌握课本必修一关于新中国和新时代的相关论述，提高其政治素养、逻辑思维和史料分析能力。

（1）星仔光光（星星很亮），打开察仔门；风仔微微，担上畚箕儿；走到芭园去。心肝卜卜跳，目汁金金掉；又惊番仔，虎叫还好店（躲），番仔一来，铁棍儿，额顶照照；啤（不）合番仔意，生命无半厘！卜，卜，卜，拖到化尸室去，裡红骨头，一枝一枝。儿在番邦碎尸，母在唐山盼望儿！

（2）日里窟，会得入，得出。（当时荷兰主要将卖身的华工运到印尼的日里，那里进得去，出不来）

（3）客头（蛇头）招咱做华工，落（下）船才知不是人；猪仔营中受刑罚，某（妻）子不知一半项；十八地狱有人过，也无像咱障（这般）苦痛，叫天天不应，叫地如会尘（摇）动。

（4）一入番舶，如载豚豕。

（5）辗转贩售，视同豕畜。

（6）此生若是难返厝（房屋，代指家乡），死作番鬼目孬睎（死不瞑目）。

（7）猪仔船一下（一旦）上，返唐山免用（不用）想。

在鸦片战争前，英美等西方商人就开始在潮汕地区进行苦力贩运，这一时期殖民者只是偷偷招募，规模较小。19世纪中后期，西方资本主义迅速发展，不断进行殖民扩张，由于供需不平衡，中国丰富而廉价的劳动力很快就进入西方殖民者的眼球。契约华工制的出现，将潮汕人的"过番"意愿从"自愿"转为"被迫"。"这一时期'猪仔'制恶性大发展成为契约华工的主要形式"。"西方人口贩子利用洋行和客头作为中介，在广东沿海设立'猪仔馆'，专门诱拐沿海地区的青壮年，并通过暴力方式使之签订契约，这种劳动力就是'猪仔'"。学生通过对契约华工与"猪仔"贩卖的解读，能进一步加深对高中政治必修一"只有社会主义才能救中国"的理解，也能进一步把握高中政治必修三关于"没有共产党就没有新中国的论断"。

四、总结

"过番歌"中反映近代潮汕人因为家庭贫困、缺衣少食、契约华工制度、交通方式演进等原因，产生了"过番"谋生行为，一代又一代"番客"源源不断地往南洋一带迁移。他们一开始在南洋从事的是当时社会语境中的"低贱"工作，但依然心系家乡，思念亲人。而他们寻找的这条谋生道路，浸透了奋斗的泪泉，洒遍了牺牲的血雨。"过番歌"中体现出的潮汕人拼搏进取的精神品质，以及"过番"经历，与思政课程中的核心素养培养、情境创设，以及课堂教学资源相契合，具体而言，可以通过利用"过番歌册"资源，培养学生核心素养；以"过番"历史为情境，提供议题式教学的情境创设；以"过番"歌为课程补充资源，提升思政课程的社会现实意义；以史料论证课本观点，提高学生政治素养。因此可以借助潮汕"过番歌册"，将特色本土历史与思想政治课程进行有机衔接，从而实现潮汕地域文化融入高中思政课程的教学实践。

参考文献：

［1］陈达.南洋华侨与闽粤社会［M］.北京：商务印书馆，2011.

［2］陈婉玲.潮汕俗语、歌谣中折射的近代"过番"史［J］.科教文汇（上旬刊），2010（34）：78-79.

［3］洪映红.闽台闽南语民间歌谣探析［J］.集美大学学报（哲学社会科学版），2011，14（1）：6-10.

［4］李伯祥，蔡永贵.近代上海南洋庄和南洋贸易［J］.中国社会经济史研究，1986（3）：94-104.

［5］梁春光.梁披云《番客谣》解读［J］.八桂侨刊，2010（2）：10-14.

［6］林朝虹，林伦伦.客、闽、潮"过番歌"的比较研究［J］.文化遗产，2014（5）：90-97，158.

［7］林涵.明清以来"过番"文化在潮汕方言中的反映［J］.南方职业教育学刊，2014（1）：86-91.

［8］刘登翰.《过番歌》的产生和流播：《过番歌》研究之二［J］.福建论

坛（文史哲版），1993（6）：27-32.

[9] 刘登翰.《过番歌》及其异本：《过番歌》研究之一 [J].福建学刊，1991（6）：55-60.

[10] 刘登翰.论《过番歌》的版本、流传及文化意蕴 [J].华侨大学学报（哲学社会科学版），2002（2）：71-78.

[11] 刘登翰.长篇说唱《过番歌》的文化冲突和劝世主题：《过番歌》研究之三 [J].华侨大学学报（哲学社会科学版），2014（2）：33-40.

[12] 刘登翰.追索中国海外移民的民间记忆：关于"过番歌"的研究 [J].福州大学学报（哲学社会科学版），2005（4）：11-17.

[13] 苏庆华.客家族群"过番"南洋的共同历史记忆：以客家《过番歌》为探讨中心 [J].海交史研究，2012（1）：103-114.

[14] 吴畅."过番"与潮汕方言词汇 [J].韶关学院学报，2015，36（3）：66-69.

[15] 贾颖妮."番"的南洋生产与变奏：马华文学的异族镜像 [J].民族文学研究，2015（4）：59-70.

[16] 于佳萍.清代闽人迁移东南亚的原因：以闽南人为中心 [M].厦门：厦门大学，2008.

[17] 马风，洪潮.潮州歌谣选 [M].新加坡：新加坡潮州八邑会馆文教委员会出版组，1988.

[18] 张征群.浅析晚清华人移民东南亚地区的原因及影响 [J].长春教育学院学报，2015，31（18）：48-50.

高中数学教学中的探究性学习

潮州市潮安区宝山中学　李文海

一、注重学生情感培养来激发自主探究潜能

情感是人对现实世界各种事物所抱的不同态度和不同体验，是影响学习者行为和学习效果的重要因素。师生互动的主体是人，"人非草木，孰能无情"。因此，在教学过程中必须注意发挥情感因素的作用，由情生趣，以情诱思，创设和谐的心理环境。"亲其师"才能"信其道"，良好的师生情感以及由此产生的心理氛围是学生主动参与的基础。通过大量的教学实践我们可以发现，在学习情感的促使之下，学生学习知识的自主性、能动性都会得到很大的提升。所以，对于高中数学教师来讲，在教学中的首要任务就是营造一种生动活泼、民主平等的和谐教学氛围，充分利用各种跟学习有关而又能相互作用的教学因素，促使学生主动地学习与发展，进而达到高质高效的教学效果。

例如，教师在教授在"随机事件的概率"一节内容时，可以让学生分组活动，进行抛硬币试验，记录下抛掷的总次数和硬币出现正面向上的次数，进而求出正面向上次数与试验总次数的比值。学生都踊跃参与，纷纷积极动手实践，在这种宽松、愉快、平等的氛围中学生求知的欲望被激发。通过动手操作，每组学生都获得了不同的比值，教师在黑板上记下这些比值，让学生观察这些比值并进行比较，可得出如下结论：当试验次数越多，这个比值就越接近于0.5，并在其附近摆动，这就为给出概率的统计定义拿出了第一手资料，这样不但培养了学生的动手能力，而且也激发了学生自主探究、合作交流的积极性。

再如，在教学等比数列的通项公式的时候，教师可以采用趣味问题来引发学生的探究兴趣，这一问题就是我们所熟悉的"出门望九堤"的问题："堤有

九木，木有九枝，枝有九巢，巢有九禽，禽有九雏，雏有九毛，毛有九色，各问几何？"当学生听到这一问题的时候，必然会产生浓厚的兴趣，从而产生动手探究的欲望。那么，在这时候，教师需要做的就是把握时机，继续向学生提问：在这一实例当中，隐藏了什么数学知识？这样一来，学生自然而然就能够探究到本文所需要学习的通项公式的内容。

二、注重学生探究实践训练来培养学生的自主探究能力

在数学教学中，培养学生的自学能力，可以从以下几方面进行：一是重视学生阅读能力的培养，指导学生掌握科学的阅读方法；二是着重对学生进行学习方法的训练。阅读能力是自学能力的基础，通过阅读训练，教材与课堂教学相配合，既起到课前预习的作用，又能使自学成果在课堂上及时得到验证，从而增强自学信心和激发其自学的乐趣。

要想把学生自主探究能力进行有效提升，就离不开动手实践这一环节，所以，教师在具体的教学过程中，要牢牢把握住教学的知识特性，积极地为学生创造出和课堂教学内容相匹配的问题探究的时间以及空间，详细地对教材作出分析，把学生自主探究活动的渠道拓宽，把学生自主探究的深度和广度都扩大。同时，教师应该积极地鼓励学生参与到探究过程中，让学生在探究中有针对性地动手实践，并牢牢地把握好问题的基本内涵，最终有效促使自身探究能力的提升。

例如，在教学二倍角公式这一部分内容的时候，教师可以先把问题展示给学生。这些问题可以是：现已知函数$y=\sin 2x+2\sin x\cos x+3\cos 2x$，那么，这个函数的最小正周期是多少？这个函数的最大值是多少，最小值又是多少？在罗列出这些问题之后，教师可以让学生分组进行小组探究活动，让每一小组针对问题作出初步的分析，并让学生结合自己以往所学到的知识。学生可以发现这一题目，实际上是对学生之前三角函数知识的运用能力进行考查，所以，学生在进行这一系列问题的解答时，应该先将这一式子作出化解，在这之后，再进行求值解决。在这一过程中，教师需要做的就是在适当的时候为学生作出点拨，向学生指出这一类问题需要注意对已知条件进行化解。

再如，教师在向学生教授三角函数的解析式这一部分内容的时候，教师可以做的就是在学生初步把求解内容掌握了的基础上，设置这样的问题：现已知

函数 $f(x) = A\sin(x+\varphi)$ $(0<\varphi<\pi)$ 存在最大值，并且最大值为1，同时，我们还知道，这个函数图像经过点 Q，那么，$f(x)$ 的解析式是什么？针对这一问题，教师可以先引导学生进行探究活动，让学生在探究的过程中，自己思考，从而就能够知道这一问题实际上就是要让学生知道三角函数的性质是什么，这样一来，学生在解题的时候，就会把这一最大值作为振幅，在这之后，把点 Q 代入到这一式子当中，从而把 φ 的值求解出来。

三、注重对学生探究过程的指导使学生把握探究要领

在新课标之下，对高中数学提出了这样的要求，要把数学教学的知识基础性、知识普遍性，以及知识发展性等都体现出来，要把教育面向全体学生，要让不同阶层的学生都能够在数学上得到发展。因此，在实行具体的教学的时候，教师需要做的就是有效地和高中数学自身的特点进行有机结合，并严格把握好学生的认知规律，有针对性地对探究方法的指导加以重视，做到因材施教。让学生能够对问题解决的基本技能以及有效方法加以掌握，最终促使学生问题探究能力的提升。

例如，教师在向学生教授三角函数的周期性这一部分知识的时候，教师应该在学生把相关的知识要点掌握好之后，适时地向学生提出以下的问题：我们都知道正弦函数的最小正周期是 2π，如何对这一问题作进行探究呢？那么，这一过程必然会有一些学生能够探究出来，也必然会有一些学生探究不出来。教师需要做的就是引导这些探究不出来的学生换种思维方法，换个角度进行探究，并反问学生：是否可以用反证法来进行呢？通过这样的指导，学生就能够探究一二，甚至完全探究出来。

总之，在新课标之下，数学的教学也有了新的理念和新的目标，而自主探究学习主要是在教师的有效指导之下，学生通过探索性学习的方式，充分运用自身的创新精神，来把自己的潜能发挥出来，从而自主获得知识和解决问题的方法。这一项任务是长期并且艰巨的，广大的教师必须进行不断的探索和发现，在教学中做好教学有机结合，做好对学生的引导，来促使学生最终提升自主探究能力。

参考文献：

［1］翁静龙.新课标下培养学生数学自主探究能力的初探［J］.新课程（教育学术版），2007（S2）：53–55.

［2］高金花.培养高中生数学自主学习能力的"三环节"教学设计研究［D］.重庆师范大学，2012.

［3］陈俊新.实践是检验真理的唯一标准：高中数学教学中学生自主探究能力的培养［J］.考试周刊，2011（53）：84.

［本文2021年7月获广东省中学数学教育论文（高中组）二等奖］

借大吴泥塑艺术，助力初中美术教学

潮州市潮安区宝山中学　郑洁

民间艺术是我国劳动人民千百年来智慧的结晶，具有浓厚生活气息和乡土文化，既接地气又体现着中华民族的精气神，鲁迅先生就曾把民间艺术比作"生产者的艺术"。在我国的民间艺术大花园中，大吴泥塑可谓一朵奇葩，它与天津泥人张、江苏无锡惠山泥人并称"中国三大泥塑"。大吴泥塑作品以戏剧故事人物组合、人物头像为主，制作过程采用雕、塑、捏、贴、刻、印、彩等艺术技法，形象生动逼真，艺术内涵丰富。

我校重视美术课程内涵的拓展丰富，利用毗邻大吴泥塑发源地浮洋镇大吴村的优势，把民间艺术渗透到中学美术教育中去，在美术课中开设泥塑等课程。民间艺术走进初中美术课堂，既能让我们民族的优秀文化得到传承，又极丰富了初中美术教学的内涵，极大地调动了学生的学习兴趣，在他们动手制作、感悟的过程中增强其文化自信。

一、大吴泥塑艺术，助力鉴赏与探索课

美术课堂教学目标的制订是教学实践的重要依据，也是教师与学生在教学中预期目标达到的重要标准。把大吴泥塑引入课堂教学有利于农村美术教育的发展。大吴泥塑来源于民间，多数取材于广大的农村，农村学生对"土唏胡"等大吴泥塑并不陌生，有一定的基础，学校开展这类课程教学，不仅使他们有熟悉感，更激发了他们的学习兴趣。例如，在《装扮生活吉祥幸福》这一课时，教师将大吴泥塑作为介绍传统民间艺术的切入点，可以为学生们详细介绍"土翁仔"和"土唏胡"的历史渊源，也可以在讲解《曹操咬靴》《王茂生

进酒》等作品之前为学生设置悬念，吸引学生的兴趣，随后通过对有关内容的详细讲解，由浅入深地进行教学引导，可以有效提高民间泥塑艺术的美术课堂教学效果。不仅如此，教师也可以采用课堂展示大吴泥塑实物的方法，辅以多媒体设备与网络技术，将大吴泥塑艺术作品鉴赏课加以创新。教师通过教学活动，让学生体会民间艺术的魅力，从而激发学生对家乡地域性文化的认同感和热爱之情。

在鉴赏课中，可突出泥塑艺术的功能之美，教师可以将民间泥塑艺术的功能价值作为教学目标。例如，人们会在传统节日、游龙赛会、婚嫁生子或祈福登科时，到大吴泥塑村请丁（"丁"即泥塑安仔）、购买不同象征意义的"喜童"；元宵佳节时，制作花灯的艺人会到大吴泥塑村购买"纱灯头"（即制作纱灯的人物头像）等来表达自己对美好生活与愿望的想法，反映内心对幸福的追求。

二、大吴泥塑艺术，助力造型与表现课

在初中美术教学中，我们将大吴泥塑资源进行整合运用，使课堂丰富多彩。以七年级美术课《中国象棋趣味造型》为例，我们将泥塑融入美术课堂教学中，以本地区的民间大吴泥塑为起点，并结合泥塑特点，使学生对民间的艺术特色有更加深刻的了解和认识。同时，通过泥塑活动来培养学生的动手动脑能力和创造能力，从而加深其对民间特色艺术的热爱。

在《中国象棋趣味造型》教学中，教师为调动学生的学习兴趣，通过多媒体课件来展示中国象棋人物的泥塑作品，让学生首先对泥塑作品特色有初步了解，再展现学长或其他班级学生的泥塑作业，激发学生的制作欲望。在课堂上可播放泥塑中简单作品的制作视频，引导学生在欣赏观察中认知泥塑作品的制作方法与技巧，同时讲解泥土的粘、搓、揉、压等基础泥塑技艺。教师通过讲解示范，让学生模仿视频内容进行简单的作品制作——学会将简单几何物体处理成具体、复杂的泥塑作品。模仿制作有助于打开学生定式的思维，将学生的动手能力转化为想象力。模仿是打基础，学生掌握一定泥塑技巧之后，可以凭借高涨的学习兴趣来大胆创作，进而探索夸张、变形的创新表达——可以给人物加一顶帽子、一件披风等，使学生积极创造出独具趣味造型的中国象棋泥塑作品。

大吴泥塑艺术有着深厚的历史背景，是劳动人民在长期劳动中的艺术结晶，含有独特的民俗文化。泥塑艺术引入美术课堂后，有助于引导学生从多个层次、视角来理解泥塑作品，不仅在培养学生审美素养方面有积极意义，还能加深美术学习与民间艺术的联系。例如，在八年级美术《独具魅力的面具》一课中，教师首先展示各色各样的面具，引导学生基于自身对面具的兴趣以及对大吴泥塑作品的认知进行创新实践。制作需要实践，而创新需要想象。教师要通过直观展示作品，培养学生的形象思维，让学生观察大吴泥塑面具造型，指导学生进行面具创新实践。学生可以选择陶泥为主要材料，树枝、纸团等为辅助材料，通过简单的窝、捏、揉搓等技巧，将自己脑海中的形象完整制作出来。例如，有学生在实践时利用树枝做骨架将陶泥包裹在外，制作了面具的雏形；有学生将纸团作为辅助材料，用水润湿后将湿纸团填充到陶泥中，充当面具的主体部分，来表现松软的泥塑质感……这样创作而成的造型看似随意，却节省了泥量，有效降低了泥塑作品的整体重量，体现出思维的创新。教师及时抓住教育契机对学生的创新实践技法予以表扬，鼓励学生在后续的创新实践中将自身审美情趣、情感结合到其中，灵活运用大吴泥塑中展现的风土人情进行创造，这样有助于丰富学生美术学习的形式，还能帮助学生深入感悟潮州民俗文化。

三、大吴泥塑艺术，助力综合与探索课

我国著名的教育家陈鹤琴先生说："怎样的环境就能得到怎样的刺激，得到怎样的印象。"学生如果只是在课堂上去接触民间艺术，他们就不能深刻领会民间艺术的博大精深，只有走进生活，才能真正地了解民间艺术，才能抓住民间艺术的根。

为了激发学生的创作灵感，我们走出学校，带领学生到"大吴泥塑博物馆"开展研学活动，聆听非遗专家的讲解，体会民间艺术品的瑰丽，探寻藏在泥塑里的人文内涵，把非遗文化融入课堂教育和学生的生活。学生通过研学，有所见、有所思、有所悟、有所得，亲身感受工匠的智慧。在这轻松愉悦又充满美感的环境中，激发了学生的创作灵感，同时也丰富了学生的操作经验。

学生们兴致勃勃地认识动物、植物、卡通人物，还制作出各种形式的手工DIY，如冰箱贴、钥匙扣、相框、笔筒等。

　　文化是最长久、最有生命力的，其中大吴泥塑文化就是一部活生生的教科书。将大吴泥塑艺术应用于初中美术教育可以丰富教师的教学活动，有利于民间艺术的继承和发展，有助于学生美术素养的提高。既能促进学生对民间艺术审美观与价值观的形成，又能促使学生积极主动地去发现身边的优秀文化，认同并喜爱家乡优秀传统文化，使每一个学生都在中华优秀传统文化的海洋中得到多方面的锻造、滋养和提升。

挖掘"潮文化"，教活"洋教材"

潮州市潮安区宝山中学　林妙和

潮州是一座具有两千多年历史的文化名城、著名侨乡，素有"海滨邹鲁""领海名邦"之称，也是"海丝重镇"，在对外交往和中西文化交融中，形成了内容丰富、风格独特的地域文化。作为世界主要的交流语言——英语，承载着国际的文化融合，把"潮文化"渗透到英语课堂中，既能传承和弘扬潮州特色文化，又能激发学生的学习兴趣、文化品格和人文素养，开启"双赢"模式。

新课标Go for it! 初中英语教材中蕴含诸多中国传统文化内容。教师利用"潮文化"诠释民族文化，使学生近距离感受文化魅力。同时，通过挖掘教材内在的"潮文化"，使有些枯燥的教材"土"些、"亲"些、"活"些，提高学生人文素养和课堂教学质量。

一、英语教学存在的问题

课堂教学是提高学生学习英语兴趣的重要途径，也是提高英语教学质量的关键。新课标的实施，逐渐更新了教育观念，注重以人为本，激发和培养学生学习英语的兴趣。新课标Go for it! 初中英语教材中每个单元都围绕着一个具体的话题展开。但毕竟课文里具体可操作的内容较少，教师在备课时需要自己精心编排方能授课。而有些学生对英语课堂的学习积极性和自觉性不高，只会死记硬背，学过的单词念不准，新的单词不会念，越学越吃力，从而使学生在心理上产生害怕、厌恶，甚至是抵触的情绪。因此，教师在课堂上教学生怎样学，是值得探讨的重要问题。

二、茶文化渗透英语课堂

九年级英语第五单元A部分中的2d，是关于茶叶的对话，主要介绍我国是以茶叶而闻名，茶叶的产地、采摘以及加工等知识。第六单元A部分中的3a的阅读板块，介绍我国有记载的饮茶起源的故事、茶叶的发展和传播历史。把茶文化渗透到英语课堂中，显得自然而独具特色。

第六单元A部分中的3a，文章题目是"An Accidental Invention"，要求学生快速浏览全文，并完成3a的问题（搭配每一段的段意）。在第一自然段中，出现了一个重点句子——据说一位名叫神农的中国统治者最早发现了茶可以饮用。（It is said that a Chinese ruler called Shen Nong was the first to discover tea as a drink.）这时就很自然地引出罗弦所说的"神农尝百草，后知有茶；宋帝经潮州，后知有凤凰茶"，可见茶文化在他心目中的位置。凤凰茶是广东潮州当地的特产，是潮州百姓日常饮用和待人接客时的必需品，不分老幼，雅俗共赏。工夫茶流传于闽南之地，冲泡技艺共通共融，在潮州更有其独特的味道。可以说，在潮州的茶文化里，凤凰茶现而潮州茶具生，茶具生而冲泡技艺出，茶道寄意于其中，茶情随之而生。久而久之，凤凰工夫茶成了潮州人独特的文化名片和共同的情感烙印。

教师授课时有意识地介绍潮州工夫茶的历史、意义和传承，让学生更深入地了解潮州的茶文化。

（一）潮州工夫茶的历史

文章中第一自然段有提到"许多人都认为茶大约在5000年以前就开始被饮用了。"（Many people believe that tea was first drunk about 5，000 years ago.）于是详细地介绍工夫茶起源于宋代，在广东的潮州府（今潮汕地区）及福建的漳州、泉州一带最为盛行，乃唐、宋以来品茶艺术的承袭和深入发展。苏辙有诗曰："闽中茶品天下高，倾身事茶不知劳。"工夫茶也是广东潮州地区特有的汉族饮茶习俗，是融精神、礼仪、沏泡技艺、巡茶艺术、评品质量于一体的完整的茶道形式，既是一种茶艺，也是一种民俗。即使侨居外地或移民海外的潮州人，仍保留着品工夫茶的习俗。可以说，有潮州人的地方，便有工夫茶的影子。

（二）潮州工夫茶的意义

工夫茶可以说是"潮人习尚风雅，举措高超"的象征。在潮州，不论嘉会盛宴，或是闲处逸居，乃至豆棚瓜下，担侧摊前，人们随处都可以看到一幅幅提壶擎杯长斟短酌，充满安逸情趣的风俗图画。潮州工夫茶一般主客四人只有三个杯子，潮州人有"茶三酒四"之说，之所以四个人只有三个杯子是为了体现潮州人的礼让精神。斟茶时，三个茶杯并围一起，形成一个"品"字，凸显潮人重品德。以冲罐巡回穿梭于三杯之间，直至每杯均达七分满。此时罐中之茶水亦应恰好斟完，剩下之余津还需一点一抬头地依次点入三杯之中。潮州人称此过程为"关公巡城"和"韩信点兵"。此外，品茶的"品"字是由三个"口"组成的，所以喝茶要分成三口，一口啜，二口品，三口回味，直至充分体验到茶香，才能落肚。

（三）潮州工夫茶的传承

工夫茶不仅是潮州的，也是中国的，更是世界的。潮州工夫茶已被定为国家级非物质文化遗产，这是潮州先人留下的一份财富，也是中国茶文化一绝。

文章中第二自然段第一句是中心句，意思是：数千年后，"茶圣"陆羽在他的《茶经》一书中提到了神农。（A few thousand years later, Lu Yu, "the saint of tea", mentioned Shen Nong in his book Cha Jing.）除此之外，至光绪年间翁辉东所著的《潮州茶经》，对工夫茶更是记述细致，眉目清晰：茶之本质，取水，活火，茶具，烹法等。《潮州茶经》也突出了潮州工夫茶以"品"为主的井然有序的饮茶方式，是潮州工夫茶茶艺成熟、完善的标志。

工夫茶现已是潮州地区饮食风俗最具特色的一种，在潮州本地，家家户户都有工夫茶具，每天必定要喝上几轮。工夫茶喝起来的优雅、传神，茶叶、茶壶、茶杯以及泡茶的工夫，与煮水的水锅、风炉、火炭等的讲究，使工夫茶独具韵味，扬名天下。切记：泡工夫茶就要趁热喝，正所谓："一茶入口，甘芳润喉，通神彻窍、其乐无穷"。

教师在英语课堂创设"茶文化"情境，让学生在领悟潮州工夫茶内涵与特色中感受弘扬、传承"茶文化"的重要性，学会用英语传播文化。例如，第三自然段就介绍了茶是如何传播到其他国家。（How tea spread to other countries？）

三、民俗文化渗透英语课堂

民俗文化是民间民众的风俗生活文化，世界任何一个国家都有其独特的庆祝方式，英语课堂以其独特的语言环境，可领略西方文化内涵。如果渗透地方特色文化，使两者相融，势必带来新的意境。

（一）英语教材中的端午节

七年级英语（下册）第六单元B部分中的2b阅读课，介绍了中国留学生朱辉的故事，展现了他在中国的家和国外寄宿家庭的生活场面，语篇创设的情境自然真实，介绍了端午节，让学生领略中西方不同的文化习俗。文章在最后还点明了主人公"每逢佳节倍思亲"的心态。因此，把端午节的由来作为新课的引入点，激发学生对中国传统节日文化的热爱之情，让学生继承中华传统美德，正确认知和了解传统节日，增长知识和才能，完善自我。

在引入新课时，教师首先展示一张关于赛龙舟活动的图片，提问学生：在图中你们看到了什么？（What can you see in the picture?）接着问：他们正在做什么？（What are they doing?）其次播放视频。

端午节（Dragon Boat Festival）为每年农历五月初五，又称端阳节、午日节、五月节等。"端午节"为中国国家法定节假日之一，并已被列入世界非物质文化遗产名录。端午节起源于中国，民间过端午节是较为隆重的，庆祝的活动也是各种各样的。潮州人过端午节更具特色，如取龙须水，插艾枝于门，上山采青，食粽球，赛龙舟等。

赛龙舟，是端午节的主要习俗。相传起源于古时楚国，因不舍贤臣屈原投江死去，许多人划船追赶拯救。他们争先恐后，追至洞庭湖时不见踪迹。之后每年五月五日划龙舟以纪念屈原，借划龙舟驱散江中之鱼，以免鱼吃掉屈原的身体。在潮州，一到端午节，社区或农村有赛龙舟的活动，赛龙舟能体现出力量之美、速度之美、协作之美，阵阵的鼓声深深牵动着人们的脉搏。无论是老少妇孺，还是青壮年，在参与过程中，都能充分感受节日气氛。

吃粽子，是端午节又一习俗。本地有句俗谚叫"未食五月粽，破裘唔甘放"，其中破裘就是旧棉衣。五月初五，刚过春寒，大地始暖，过了这天，便进入盛夏，气温自然高了，也热了。大家都要用薯粉加黄枝汁搅拌成的粽，表示食后身体会更加强壮。吃粽子的风俗，千百年来，在潮州盛行不衰，而且流传到朝鲜、日本及东南亚诸国。粽子也是潮州和海外潮人喜欢的著名小吃，特别是海外潮人回故乡探亲，总是要抽空前往品尝，这样的美味常令他们回味无穷。

在英语课堂中，教师利用赛龙舟视频让学生感知知识，通过创设特殊情境，激发学生了解端午节相关习俗，更容易切入主题，传授英语知识。

（二）英语教材中的中秋节

新课标Go for it! 初中英语教材中的阅读课所占比例较大，是各单元的核心，是培养学生阅读能力的主渠道，尤其九年级每单元都设置了具有跨文化内容的语篇及相关练习。

九年级第二单元Section A中的3a，文章题目是Full Moon, Full Feelings，讲述了一个学生熟悉的故事。这是一篇关于中秋节的来历介绍，教师在授课过程中让学生开展头脑风暴，围绕中秋节，让学生说出脑海中浮现的词汇，引导学生思考（学生说到"月饼、嫦娥、玉兔、赏月和合家团聚"）并展开词汇教学。

在文章讲解前，设定疑问，学生通过听录音，寻找问题答案：①文章中提到了谁？②嫦娥和后羿是什么关系？凭听力可关注学生的注意力、掌握的词汇量、语境中捕捉内容简介。通过测试，学生能说出嫦娥、后羿和逢蒙，也能找到他们关系的佐证（在第二自然段第2~3行Chang'e was Hou Yi's beautiful wife.）

接着再听第二遍录音，并回答：①后羿是个什么样的人？这样很自然地引出了后羿射太阳的故事，且他得到了王母娘娘的长生不老药。②文章中出现了Pang Meng（逢蒙），他是一个什么样的人呢？（学生们都说他是个小偷，偷神药的人）经过这样地提问，很自然地引出了嫦娥奔月的故事。

有了上面问答做铺垫，让学生朗读课文，并完成3b和3c的课后练习，学生们做起练习来就容易多了，且大部分学生的答案都是正确的，效果不错。

教师通过知识的联系，掌握创设情境的技巧，挖掘"洋文化"与"潮文化"的相交点，把"潮文化"融合到英语课堂中，既满足英语教学的需要，激发学生的情趣，又弘扬和传承"潮文化"，促进"潮文化"与校园文化有机结合，陶冶了学生情操，启迪了学生心智，促进了学生全面发展。

（在2020年潮安区教育教学论文评比中荣获三等奖）

乡土资源融入高中思想政治课教学策略研究

——以《文化强国与文化自信》为例

潮州市潮安区宝山中学　王润扬

《普通高中思想政治课程标准（2017年版2020年修订）》中明确提出："要从学生的成长需要出发，注重乡土资源的开发与利用，丰富教学内容，深化学生对社会的认识与理解。"由此可见，在高中思想政治课教学中，乡土资源的运用尤为重要，教师应当充分发挥乡土资源的优势，调动学生的课堂活力，提升学生学科核心素养。本文以统编版政治必修四《哲学与文化》第九课第三框《文化强国与文化自信》为课例，结合自身教学实际，探究在政治教学过程中如何巧用乡土资源，增进高中生的乡土情怀。

一、关于乡土资源的概述

乡土资源，亦称地域资源，即强调资源的地域特色。乡土资源是特定区域历史发展的长期积淀，是人们社会实践的产物，集中表现为特定区域内的文化景区、传统民俗、文化遗产、传统工艺等，彰显出浓厚的区域性、本土性、特色性特点。我所在的城市——潮州市，拥有丰厚的乡土资源，正如习近平总书记在视察潮州时所说的："潮州是一座有着悠久历史的文化名城，潮汕文化是岭南文化的重要组成部分，是中华文化的重要支脉。"故本文着重在于探究在高中思想政治课教学中，教师如何巧用潮州乡土资源，引导学生在课程学习中传承与发展潮州文化，并以自己的实际行动呵护好、建设好潮州这座古老的文化名城，守住潮州文化的"根脉"。

二、乡土资源在高中思想政治课教学中的价值呈现

乡土资源丰富多彩、具体形象，贴近学生的真实生活，能引发学生的情感共鸣。在高中思想政治课教学中适当运用乡土资源，可以增添课堂的生活趣味，激发课堂活力，拓展学生的综合素质能力。同时，俗话说"教学相长"，在运用乡土资源的过程中，既能提高学生的综合素养，又能促进教师专业能力的成长。接下来，我将乡土资源在高中思想政治课教学中的价值凝练为以下三要点。

（一）贴近学生生活"圈子"，培育学生的责任使命感

乡土资源贴近学生的生活实际，是学生成长最为熟悉的环境。关于家乡的一景一物，如名胜景区、文化习俗、传统工艺等，学生普遍带有深刻的记忆和独特情感。基于此，在高中思想政治课中，教师有意识地将乡土资源与课程内容相融合，能够吸引学生的课堂注意力，发挥学生的能动性。正如，在熟悉的乡土资源情境下，学生更愿意主动参与课堂的合作探究活动，增强实践能力，达成课程的教学目标。另外，高中思想政治课程是落实立德树人根本任务的关键课程，这就决定了高中思想政治课不仅是知识的传授，更为重要的是培养学生正确的"三观"。乡土资源的运用，恰恰是引导学生热爱家乡，传承家乡优秀文化的主渠道，对学生了解家乡的发展变化，提升认同感与责任感具有重要的现实意义。

（二）提高课程的适应性，增添课程的感染力

当前高中思想政治课，使用的是统编版教材，其优点在于立足整体性，有助于整体把握主流意识形态教育，奏响"主旋律"，但也存在某些不足，如无法兼顾每个地区的发展实际，教材中呈现的素材资源不一定切合全体学生。这就要求教师在教学的过程中，要善于立足本地区的实际情况，精选地区特色资源，提升课程的适应性，坚守思想政治课的育人价值取向。在开发课程资源的过程中，乡土资源恰好能弥补其不足，在潮州地区，运用潮州乡土资源可以延展教材的适用空间，把高中思想政治课中抽象的理论知识与潮州地区乡土文化融合起来，化抽象为具体，赋予传统思想政治课堂温度，拉近与学生的情感距离，让学生的学习过程成为一种享受与体验的过程。

（三）助力教师专业成长，提升教师的专业素养

乡土资源融入高中思想政治课教学，要求教师要发挥主导作用，在日常生活工作中要善于挖掘与收集本地区的乡土资源，并有意识地将乡土资源分门别类，建立乡土资源信息库。与此同时，教师需要转变教学观念，始终尊重学生的学习主体地位，组织引导学生自主开发乡土资源，共同充实完善乡土资源信息库，力争让每一位学生都能在实践中有获得感、成就感。最后，需要教师具备资源整合能力。在建立乡土资源信息库后，教师要结合课程内容的具体目标要求，筛选、整合适用于高中思想政治课教学的乡土资源，让乡土资源的价值充分展现，让学生在课程学习中增长才干与修炼品德。显然，乡土资源的开发与利用，促进了教师的自我成长与专业能力提升。

三、乡土资源融入高中思想政治课教学的有效策略

（一）挖掘乡土资源，调动学生的积极性

教师作为乡土资源开发的引导者，首先，要树立运用"乡土资源"的思想意识，充分认识到乡土资源开发的必要性与重要性。乡土资源作为课程资源的有效补充，能够使课程更接地气，减少陌生感，从而构建生活化的课堂教学。其次，教师要重视学生的能力培养，高中生正处于实践性思维与创造性思维活跃时期，教师要鼓励学生勇于实践探索，锻炼学生行动能力。因此，教师要充分调动学生开发乡土资源的积极性，指导学生利用网络搜索、实地走访等方式，记录、整理本土的乡土资源，充实乡土资源库。

在讲授《文化强国与文化自信》一课时，我通过研读课程标准，拟定教学目标为：培养学生理论联系实际能力，从身边文化故事讲起，感受中华文化的魅力，引导学生坚定文化自信，为建设文化强国贡献自己的力量。因此，在授课之前，我预先给学生布置课外任务，十位同学为一小组，每个小组按照不同的主题收集整理资料，并制作汇报课件。汇报的主题设置为以下六板块：潮州特色景点、潮州传统民俗、潮州传统工艺、潮州传统美食、潮州建筑艺术、潮州传统文艺，其目的是通过课外小组活动，拓展教育资源与教育空间，让学生主动挖掘潮州的乡土资源，全方位领悟潮州文化的魅力，坚定其文化自信。

（二）整合乡土资源，创设生活情境

在挖掘乡土资源后，教师要对乡土资源进行分类整理，具体可以从政治、经济、文化资源板块进行归类，每个板块设置相应的图片库、视频库、资料库、音频库等，方便后期的筛选、运用。在此过程中，教师应具备一定的现代信息技术能力，尤其是掌握课件的基本操作。在整合资源之后，教师要根据课程内容的需要，从中筛选出合适的乡土资源，创设教学情境，搭建生活与知识的联系桥梁。同时，教学情境要符合课程标准中提出的要求，即要设置开放的教学情境，提供多种课内外探究活动设计，注重发展学生自主学习能力。

在《文化强国与文化自信》中，我选用潮州乡土资源创设情境，以学生熟悉的"潮州古城，国家历史文化名城"宣传视频作为教学情境导入，要求学生观看视频，记录潮州文化的典型代表并与同学分享，为学生营造亲切的文化氛围，增强学生的文化体验。同时，我根据收集的古城文化资料，设计探究性活动，锻炼学生在乡土情境中思考问题的能力，致力于提升学生的公共参与素养。

（三）巧设议题探究，培育核心素养

课程标准中指出："要通过议题的引入、引导和讨论，推动教师转变教学方式，使教学在师生互动、开放民主的氛围中进行"。因此，在高中思想政治课教学中，教师要使用议题式教学，以议题的形式呈现课程内容，培育学生核心素养。

通过对潮州乡土资源的整合与筛选，我根据课程标准的任务要求，设置《文化强国与文化自信》总议题为："寻潮州古城文化建设，品中华文化的魅力"，同时，围绕总议题，设计出三个子议题，分别为"踏寻古城文化，重拾故乡记忆""奋力前行，共筑潮州千年古城""坚定文化自信，打造'潮'牌文化"。

子议题一："踏寻古城文化，重拾故乡记忆"。本环节设计的目的是引导学生了解潮州乡土资源，增强对潮州文化的认同感。上课时，主要通过小组代表的成果汇报进行展示，从多层面展示潮州古城文化的韵味，进而对潮州文化有清晰的认识与了解。

子议题二："奋力前行，共筑潮州千年古城"。在这一环节中，主要是重难点的讲解，这部分理论性较强，若不能把抽象的理论知识具体化、形象化、

生活化，学生则无法感同身受。因此，我将这部分内容处理为探究性活动，通过任务型驱动方式，让学生为古城文化建设出主意，一方面锻炼学生的思维能力，帮助学生理解如何建设文化强国，另一方面，激发学生参与古城建设的情感，具体如下：

材料一：古城潮州"潮味"文化气息浓郁，文旅服务供给丰富，2021年春节假期共接待游客超186万人次，旅游收入逾9亿元。

材料二：2021年1月1日起，潮州市凤凰洲公园和慧如公园将告别"收费时代"，对市民游客免费开放，让公众共享城市公共资源。

材料三：潮州市广济桥灯光秀，成为潮州一江两岸的璀璨夜景，伴随着流光溢彩的灯光、震撼人心的歌曲，给观众带来极大的视听盛宴。

探究问题：请同学们阅读材料，为潮州古城文化建设献策。

子议题三："坚定文化自信，打造'潮'牌文化"。在这一环节中，主要目标是引导学生树立文化自信，我让学生设计"潮"文化的宣传明信片，通过不同主题的明信片的分享，让学生了解中华文化的博大精深，树立其文化自信。

（四）推行多元评价，升华情感体验

高中思想政治课是落实立德树人根本任务的关键性课程，因此对于学生的评价，不能简单把学业成绩作为评价的唯一标准，而是需要推行多元评价，才能真实、客观地反映学生的成长状况。多元评价，既需要教师的评价，也需要学生与家长的参与。因此，在教学的过程中，教师要关注学生的成长过程，适时引导学生参与互评，共同提高教育效果。

在讲授《文化强国与文化自信》这一课时，我采取多元评价方式，让学生共同参与到课题评价之中。在课堂上，六个小组代表分别围绕潮州乡土资源课题做成果汇报。在汇报之后，不同小组成员互相点评打分，教师再进行点评总结，给予肯定性评价，最后选出两个优秀的小组进行表彰。在整个活动过程中，学生对潮州的家乡文化有了更深入的了解，同时在交流分享中深化了文化的情感体验，达到了课程教学目标。

四、结语

将潮州乡土资源融入高中思想政治课教学，充分发挥乡土资源助力地方教学的优势，打造"生活化"的高中思想政治特色课堂，实现课程的育人目标。在以后的教学过程中，我将会不断摸索探究，学习借鉴专家学者的建议，优化开发利用潮州乡土资源策略，动员学生参与到"潮"文化的宣传行列，为传承和发展潮州优秀文化贡献自己的绵薄之力。

参考文献：

［1］中华人民共和国教育部.普通高中思想政治课程标准（2017年版2020年修订）［M］.北京：人民教育出版社，2020.

［2］崔玥婷.巧用乡土资源　打造魅力课堂［J］.中学政治教学参考，2020（35）：46-47.

［3］金日进.巧用乡土资源培育核心素养［J］.中学政治教学参考，2019（22）：68-69.

［4］林英祥，谢宜静.道德与法治课程中乡土资源的开发与利用［J］.福建教育学院学报，2021（5）：99-101.

［5］夏丽琼.借助乡土资源培养核心素养：以《传统文化的继承》为例［J］.课程教材教学研究（教育研究），2020（Z3）：92-93.

寓用潮汕俗语，批评教育小艺术

潮州市潮安区宝山中学　林纯娟

"如果没有严格的要求，那就不可能有教育"，马卡连柯如是说。

刚参加工作时，我认为严格就是严厉，严厉就该批评教育，批评教育就得疾言厉色。但是我慢慢发现，严厉并未达到预期的效果，我的痛斥有时候还会引起学生的叛逆及反感。到底应该如何批评教育才能使学生认识自己的错误并改正自己的错误呢？经过近十年班主任工作的摸索和理论学习，我发现，寓用潮汕俗语于诙谐的批评教育，效果往往事半功倍。

潮汕俗语有"老人呾话好用纸来包"，意思是老一辈教育子女的智慧都藏在这些俗语里。我在班主任管理中经常寓用老一辈流传下来的潮汕俗语来说出严肃的道理，慢慢地运用之后，我发现这比直截了当地提出更能为人接受，所以寓用老一辈流传下来的潮汕俗语进行正面教育胜过空洞的说教，而用于批评则胜于简单粗暴的斥责，它既不伤害人的自尊心，又能使其辨明是非，达到教育的目的。因此，对于班主任来说，恰当地寓用潮汕俗语进行批评教育，会大大提高教育效果。那么，寓用潮汕俗语在批评教育中是如何运用的呢？我在班主任教育工作中，时不时地在适当的环境下给学生讲潮汕俗语故事或其中寓意。

下面是寓用潮汕俗语进行批评教育的一些小尝试。

"前厝人教仔，后厝人仔贤"

这句潮俗意思是邻居在教育子女，自己的子女也受到教育，从而变得有教养。这是在说正能量的环境能影响激发别人奋进，使其变得更加贤能。

初中生的学习生活习惯还未完全定型，意志力不够坚定，自我要求不够高，这就要求班主任充当啰唆的角色，告诉他们是非曲直的道理，引导他们养成良好的学习习惯和生活习惯。心理学告诉我们，中学生正处于"心理断乳期"，其心理常常表现出矛盾的态势。对于老师的批评教育，他们有两种截然相反而又互相交叠的心况：一是渴望心理，渴望正确的引导，以帮助他们判断是非真假，区别善恶良莠，认识美丑优劣；二是抵触心理，过分地注重自主意识，以为自己大了，听不进正面的教育与直接的批评。我们寓用老一辈流传下来的潮汕俗语来进行说理批评，正好切合其心态需求，既不是放任自流、不闻不问，也不是生拖硬拽、强拉迫就，而是在心理趋向的顺应过程中，达到教书育人的宗旨。

2021—2022年，我担任902班的班主任工作。班上的蔡同学为留守儿童（父母在东莞做生意，自己在家里跟奶奶一起生活）。在期中检测之后他主动找我聊天，表达了他对学习的茫然感觉，坦白自己的自觉性较差；他说："开学到现在，我已经被老师提点超过五次了。我哭了，好像我的上限就在那里，甚至退步了，我现在真不知道该怎么做"。他又表示："我对每位老师的教法，都有想过去跟他讨论一下的想法，虽然我知道这种东西只有学生去适应老师，没有老师去适应学生。我真的还太天真，因为这种想法根本不现实。"说着说着他甚至激动地说："老师们一直叫我们理解长辈们的良苦用心，理解父母对我们的关爱，那谁来理解我们呢？说句不好听的，你们就把孩子当成分数机。我理论上是为了自己读书，实际上是为了父母而读书"。

我知道，这是蔡同学的一种渴望与抵触互相交叠的心况，他渴望得到老师家长的关爱和重视，渴望取得优异成绩，也渴望正确的引导，以帮助他判断是非真假，区别善恶良莠，认识美丑优劣。但他又过分地注重自主意识，听不进正面的教育与直接的批评。蔡同学比较感性，平时遇到问题向老师表述几句就出现忍不住想哭的表情，心理比较脆弱。对于蔡同学的这种渴望与抵触互相交叠的心况，在平时的引导教育中，我采用的是潮汕俗语"前厝人教仔，后厝人仔贤"的方法。

在一节语文课上，我发现蔡同学没有跟着同学们一起读题解题，而是伸手去拿前桌同学的东西，就在下一个复习问题让蔡同学的前桌回答问题，并在对其前桌回答的问题进行点评之后表扬其前桌课堂纪律好，并在班里讲了"前厝人教仔，后厝人仔贤"的潮汕俗语。不久下课之后，我发现蔡同学仍然一副不好意思的样子。

我平时也更多地关注蔡同学的情绪动向，建议他多出去运动，培养一门爱好，比如打篮球等。也通过电话访问等方式与蔡同学的家长进行沟通了解，建议其家长给予他更多的关心和帮助。同时，还鼓励同学们多关心蔡同学，给他帮助和温暖，多带他一起参加打篮球等体育运动。尽量补偿其孤独、渴望与抵触互相交叠的心理。

慢慢地，蔡同学性格越来越开朗，学习情绪也越来越好，在2022年的中考中，蔡同学成绩优异，被市华侨中学录取。

"破柴看柴势，入门看人意"

对事件要先进行了解，就像劈木柴需看清木柴本身的长势一样。解决问题要察言观色，注重方法。

每一个班级，总有一两个比较调皮的学生，他们上课时喜欢跟老师抬杠，上课过程中的任何风吹草动都能引起他们的躁动甚至起哄。对于这样的现象，有的教师认为学生在挑战他的尊严，于是在批评教育的时候尖刻数落，粗暴训斥，这样的教育往往会导致学生产生强烈的对抗情绪，不能收到良好的教育效果。其实这类学生的"调皮捣蛋"大多时候不是出于恶意，他们可能因为好奇，可能因为想引起老师或同学的注意，或者他的性格本身就是比较"调皮"，如果我们因此而与学生关系变僵，导致教学工作受阻是很不划算的。但是，对于这样的情况我们又不能置之不理，批评教育是必需的，但是我们不妨在批评之前先看看"柴势"，了解学生这样做的心理动向，注重方法，来避免良言相告反因"忠言逆耳"而造成摩擦和危机。

2022—2023年，我带领的902班发生过这样的一种情况：年轻漂亮的历史老师穿了一条红色的新裙子去上课，老师刚走进教室，全班就开始起哄，坐在后排的一个男学生还吹了一个响亮的口哨，历史老师立马拉下脸来："你们起什么哄？吹口哨的站起来！"但是没有人站起来，于是历史老师表示什么时候有人承认错误什么时候上课。我了解了情况后来到教室，看到全班的学生都低着头，有一个学生横着脖子满脸不服气，我心里也明白了几分。但是并没有马上对那个学生进行批评教育，而是对着全班同学问："历史老师今天很漂亮吧？"有一些学生不好意思地笑了，但是仍然小心翼翼。我接着就说："我就觉得挺漂亮的，我想啊，我们班的男同学一定最喜欢这种老师了，哎，可惜你们班主任我就最缺这种气质呢？"看到老师在调侃自己，全班同学终于都笑了，而且有一些学生还在安慰我。紧张气氛缓解之后，我话锋一转："可是，你们有没有想过，这里是教室，你们吹口哨的对象是老师，老师可是长辈，是你们最应该尊重的人呢，你们却用这么低俗的方法表示对她的赞美？刚才吹口哨的同学能不能代表我们班向老师道歉，让她原谅我们的不敬？"说完我就看着那个吹口哨的男同学，他不好意思地站了起来并且到办公室跟老师道了歉。可见，对于一些恶作剧的学生不能放任不管，又不能抓住不放，看清他们的心理动向，采取循循善诱的语言，加以引导解释，敌对情绪就冰雪消融了。这样的方式可取，效果也不错。

"学好三年，学坏一时"

学好很困难，学坏很容易，所以一定要学好。

有一次我去其他班代课，上课铃响了，刚走到教室门口，一个纸团迎面朝我飞来，我躲闪不及，恰好打在脸上，同学们都随之笑了起来，但随即又鸦雀无声。投纸团的同学低着头，时不时地偷偷瞄我，脸上带着愧意。我稳住自己的怒火，和气地说："咱班这位同学的眼法很好，但是要运用在正确的地方。"随后我给同学们讲了"学好三年，学坏一时"的潮俗，并告诉他们，这些话能流传下来，经久不衰，是真理性语言，值得我们细细品味、践行。潮汕人从小就受父母师长的教育，要学好，不能学坏。拥有好品质，并将聪明才智运用到正确的方向上，以后才能立足于社会。

大家听了，信服地点头微笑。随后我又告诉他们："教室是读书的场所，以后练习自己的眼法手法等绝技时，不要在教室内练，可以运用在投篮或射靶子上。"寓用潮汕俗语来进行批评教育，虽然批评了学生，但又不是说教，说服力强，何乐而不为呢？

部分初中生的学习生活习惯不够良好，意志力不够坚定，自我要求不够高，这就要求班主任告诉他们是非曲直的道理，引导他们养成良好的学习习惯和生活习惯。寓用潮汕俗语来批评教育能使学生更好地受到启迪和教育，使得学生懂得是非曲直，泾渭分明。

有一段时间，我总能在一两个学生的身上闻到淡淡的烟味，通过私下了解，发现有不少学生会躲在厕所里抽烟，于是我便在班会课上讲了"学好三年，学坏一时""花着自然开正哙雅，等人来掰住唔然""平安当大赚"等潮俗，并举行"潮俗知多少竞赛活动"。同学们饶有兴趣，在笑声中自觉而愉快地纠正了自己的缺点。寓用潮汕俗语来批评教育，创设了一种心理相容的教育环境，学生学习了知识，明白了道理，效果自然会好些。从此我也再也没闻到学生身上有烟味了。

"秋瓜唔牵唔上棚，大船无桨就孬撑"

这句潮俗比喻办事要有所凭借。寓用潮汕俗语，我觉得使班主任工作易办又有趣，事半功倍。"六月桃，有钱买无"（有的东西不是有钱就可以买到的），潮汕俗语就是我的"六月桃"。

一方面，恰当地运用潮汕俗语，含而不露地启发学生的联想，出神入化地推动他们的领悟，在良好的气氛中，引起心理共鸣，从而顺利地达到教育目的。另一方面，寓用潮汕俗语进行批评教育，也在批评教育中传承了潮汕文化。

当然，寓用潮汕俗语也要注意时机和动机。有所选择地在恰当时间环境以友善的动机来寓用潮汕俗语，学生才能接受我们的看法和劝告。

"竹篙擎横孬上市，理路摆直能服人"。我相信，只要充分认识潮汕俗语的"咸香整甜"，用心学习，在适当的时间、环境进行妙用，就能在教育教学方面发挥其潜在的作用。

学生厌学的表现、原因和辅导方法

潮州市潮安区宝山中学　刘喜泉

　　厌学是学生对学习的负面心理情绪反映在行为上的表现。学习活动是每个人都必须经历的，更是学龄阶段的青少年的主要活动，也是青少年社会化发展的必要条件，更是他们获取知识和智慧的主要手段。然而，我国权威调查显示：大约70%的中小学生和80%的大学生都有不同程度的厌学情绪（2014年的数据）。在一线的实际工作中，我们也能明显感受到大约只有20%的学生能够不排斥学习。愈演愈烈的厌学问题，已经成了很多家长心头无法割除的毒瘤。在这种情况下，总结学生厌学的表现形式，寻找学生厌学原因的关键点，并实施有效干预则显得尤为重要。对于学生厌学，我们既不能过分地强调外部环境的原因，也不能过分强调学生自己心理上的问题，必须从心理学的角度客观地分析评价，寻找问题的关键，采取科学有效的方法对学生厌学进行归因、干预、矫正，使学生的心理和情绪回归正常，促进学生身心健康成长。

一、学生厌学的主要表现

　　学生厌学主要表现在对学习认识存在偏差，情感上消极对待，行为上主动疏远等。教学一线的老教师经常有这样的体会：辛辛苦苦设计安排一个学习任务，但学生完成的情况却非常糟糕，无论自己课前多么精心备课，在课堂上讲得多么声情并茂，但下面的学生却是昏昏欲睡；在自习的时候，有一些学生成群结伙，谈论与学习无关的话题，有一些则是睡大觉，或者做其他与学习无关的事情，甚至干扰其他同学学习；教师的管教力度稍大一些就造成师生矛盾，学生抵触情绪更加明显，实在是令老师头疼；家长也常给孩子讲大道理，可效果微乎其微。其中的主要原因就是学生讨厌学习。

学生厌学主要表现在以下这些方面。

1. 学习偏科

偏科主要表现为一部分科目学习成绩比较好，而一些科目学习效果则一塌糊涂。有些学生对一些课程的厌学情绪表现在该课程布置的任务不完成，或敷衍了事，或根本不理睬，导致单科成绩低下，整体成绩徘徊不前；更严重的是对该科目课程的学习产生恐惧心理，或注意力不集中，或刻意逃避，导致学习效率低；更甚者与该科目老师关系紧张，讨厌该科目老师，故意放弃该科学习等。学生有这些现象也就意味着他的厌学开始公开化。

2. 上课容易走神

上课时经常心不在焉，东张西望，即使没有外界的干扰，注意力也经常无法集中；在课堂上神游太虚，或总是提不起精神，但下课却精力充沛十分活跃；听课效果差或专心于自己热衷的事情并乐此不疲，基本不记笔记，不回答问题或者回答问题时也是附和别人的意见，批评教育根本起不到作用。

3. 经常迟到

不管是上学还是课间休息后上课，都经常迟到，一问原因或是家里有事，或是身体不适，或是单车半路坏了，或是等同学一起，或是上厕所等，总是有理由，老师或家长怎么教育都无法改变。

4. 课堂睡觉

一些学生整天昏昏欲睡，几乎整天都在课堂上睡大觉，他们对学习不感兴趣，精力都放在其他事情上。这类学生不论是什么科目上课都睡觉，教师刚对其教育完转身，就又开始睡觉。而且这些学生基本上也不怕老师批评，批评教育收效不大。

5. 捣乱课堂，故意和老师作对

这类学生不喜欢学习，或因对某科任老师存在意见而闹矛盾，在课堂上自己不学则罢，还要干扰别的同学，以干扰老师上课和别的同学学习为乐，或高声怪叫，或故意乱回答问题，或故意乱发问，或制造噪声，或因做出特殊动作引起其他同学哄笑而沾沾自喜。这些故意而为之的学生看到捣乱课堂后老师生气、同学哄笑，则觉得达到自我表现或报复的目的，并引以为荣，而且这种行为一般有一次，就会有下一次和很多次。

6. 任务拖拉

无论老师布置的课堂作业、课后作业，还是家庭作业，总能以各种借口拖拉，或者是忘记了，或者是作业丢掉了，或者是不会，或者是身体不舒服等理由，宁愿挨批评，也不愿去完成作业。

7. 抄袭作业

上课不专心听讲，课后不独立思考，作业无法独立完成或者根本就是懒得去完成。放学回家时家长问有没有作业，老称作业在学校完成了，但第二天上学到教室就找同学抄作业。有时候是偷偷摸摸地抄，有时候则是公然抄袭，老师多次对其批评教育，但就是屡教不改。

8. 不愿意跟别人交流学习上的事情

在各种场合只要有人讨论到学习的事情就表现得非常不屑或烦躁；不愿家长过问，对家长的询问或表现出烦躁，或保持沉默，或转移话题，或制造其他事情回避学习上的事。

9. 逃学

逃学是厌学行为的极端表现，主要表现为不去上学，或中途逃课。如果学生开始变得不喜欢上学，那么一到上学的时间就老是睡不醒，或者不愿见老师，经常一到上学时间就身体不适，发生一些突发情况等。

10. 故意违纪违规

表现为违反《中小学生日常行为规范》，违反《中小学生守则》等，且屡教不改。包括迟到、旷课、早退、寻衅滋事、打架斗殴、欺负同学、损坏公物或他人物品等行为。

二、导致学生厌学的原因

学生厌学的形成原因总结起来包括自己身体和心理的原因，家庭环境氛围、学校和社会的外部原因，具体有以下几个方面。

1. 脑机能的原因

研究表明，大脑的发育对学习和认知有非常大的影响，而不同个体受遗传、环境、疾病或营养等方面影响，大脑机能的发育存在一定的差异，所以部分学生厌学的根本原因是自身脑机能发育的极限导致的。例如，负责思维、计划、个体需求和情感的额叶区，以及与数学和逻辑相关的顶叶区发育不到位，那么学生在处理逻辑和思维问题方面就会表现得比较差，久而久之在这方面的学习的习得感就差，对这方面的学习信心不足，从而产生厌学情绪。

2. 精神心理疾病的原因

抑郁症（表现为不高兴，烦躁不安，容易发脾气，易激惹，受疾病的意向会出现厌学的表现）、多动症、焦虑症、恐怖症、精神分裂症等。学生如果存在这些心理疾病，那么在学习上就往往会表现出厌学的情绪。

比如，我工作的学校八年级（2021级）有一位女生，所有教过她的老师都说这位学生很聪明，头脑很好，她的记忆和逻辑思维都非常出色，如果能安心学习，那么在年级肯定名列前茅。但是这位学生却表现得非常厌学，作业故意不做，上课故意不听课，明显是自我堕落的表现。在班主任老师不断的耐心交谈下得知，原来这位女生既有抑郁症，又有恐怖症。原因是这位女生的爸爸对她的要求特别严格，按照这位女生的说法是"严格到有些变态"，她从小每犯一点错，父亲就如临大敌，生怕她变得不完美。当这位女生在家长面前表现出一点任性的行为，他的父亲就认为她是有心理问题，一切都往最坏处想象。在非常严厉地批评惩罚她的同时也不断强调这样是爱她的表现。她从小学开始就非常反感家长这样的态度，感觉自己失去了很多快乐。这位女生自己说，她现在觉得很压抑，同时对家长的态度也很恐惧，只想快一点结束学校学习，离开家庭到外面过自己想过的生活，不用每天回到家里去面对自己的爸爸。这也说明，厌学表面上是孩子的问题，实际上与家长有非常密切的关联。

3. 心理社会原因

有些家长对学生要求与期望值过高，潜意识里总将自己的孩子定位于天才的高度，但由于学生自身学习能力的极限没有达到家长的期望，造成学生过大的心理压力，学生为了逃避这种压力，就会表现出厌学的情绪。

在工作中经常接触到这样的家长，几乎所有的时间都忙于赚钱养家或扑在自己的事业上，忽视了家庭氛围对子女成长影响的重要性。有的家庭比较富裕，给孩子提供了足够的零花钱，嘴上一直说要重视孩子的教育，但对于重视子女教育该如何真正落到实处却根本不知道。虽然物质条件足够了，但从小没有半点生存忧患意识，在丰富的物质环境下，个个衣来伸手，饭来张口，根本没有思考过自己未来的生存问题。因此，学习对他们来说只是一种额外的负担。这种情形下极容易造成学生对学习产生厌恶情绪，故意放弃学习，甚至早恋行为的发生。

有的家长自身生活态度不端正，整天无所事事，只知道吃喝玩乐等，这些行为对学生人生观和价值观的形成产生非常大的负面影响。在学习有什么作用这个问题上也不能做到正确引导，最后家长和孩子对学习的态度都是得过且过。在同家长交流过程中，一些家长明确表态，对孩子的学习成绩没有要求，等学生初中毕业了就出去工作赚钱，现在挂名在学校学习，只是因为年龄太小，还难找到工作。

另外，学生在遇到做错事后被老师当众训斥、被委屈、被同学欺负或遇到其他类型的挫折时，对学生心理造成打击，导致学生对校园和班集体没有归属感，抵触学习，从而导致厌学。这也说明，学生的厌学问题，实际上跟外部因素关联非常密切。

4. 学生自己学习动机不端正，没有正确的学习目标，甚至自我否定

这部分学生多数学习成绩不理想，学习非常被动，而且对学习缺乏热情和信心；自己也不知道学习是为了什么？学习有什么作用？可能从来也没有人跟他们讲述过学习的作用。他们基本上很难感受到学习上的乐趣，反而觉得学习是一件很枯燥的苦差事，完全是迫于家长、老师的压力才到学校耗日子。有些学生因为表现和成绩一般，长期没有得到家长和老师的重视和鼓励，认为自己天生就是笨脑筋，再怎么努力也不如别人，没必要劳心劳神，所以对自己要求也低，几乎不关心学习，转而做与学习无关的其他事情。其实，很多所谓的差生其实头脑并不笨，相反他们是非常聪明的，他们的思维有独特之处，记忆力也不差，抗挫折能力也要比一般学生强。他们只是缺乏系统的补救和耐心的疏导，所以学习成绩就一直上不去。

5. 现行教育体制及人际关系的影响

虽然全社会从上到下都在提倡素质教育，但实际上，上级教育主管部门对下属学校办学效果的评估往往只是以升学率作为主要依据，在这种管理导向下，学校也只好以成绩和升学率为目标。随着学习时间、考试次数和作业量等因素的增加，学生的学习成绩明显两极分化，部分学生厌学情绪更加明显，而学校老师也非常难做到及时对厌学学生进行疏导教育。

不得不承认，很多老师对优秀学生和对厌学学生的教育态度是有差别的，比如，优秀学生受到的关注和交流讨论等的机会都比较多；而对厌学学生的要求会相对低一些，只要他们不违反纪律，不惹事就行。这种来自老师或家长的消极期望，会影响学生的自我判断，使他们更加失去学习上的兴趣，导致学习没信心没动力。

部分学生不善于与人交流，在学校没得到老师的重视，也没有个别要好的同学，每天都显得比较孤僻，在集体中就是最容易被人忽略的那一个人。这些学生对学校的学习生活没有什么好感，体验不到集体的温暖，所以这部分学生也非常容易产生厌学情绪。

6. 受不良社会风气影响，没有形成正确的人生观和价值观

社会风气和文化对一个人特别是青少年的影响非常大。比如，社会上一部分人存在"一切向钱看"的思想；一些内容导向不健康的影视作品、图书、网络信息等，对青少年时期的学生产生了非常大的负面影响；一些没有文化底蕴的网红或主播却能赚得盆满钵满。

有部分学生则是交友不慎，结交了社会上行为不端、三观不正的"朋友"，耳濡目染，从而养成恶习，思想和行为逐渐被同化进一步产生厌学情绪。比如看到别人抽烟，他们却认为很酷；一个劣迹斑斑不务正业的社会人，却成了他们崇拜的对象。这些思想一旦出现，厌学心理就必然产生。

三、克服厌学的辅导方法

不同的学生产生厌学情绪的原因各不相同，帮助学生克服厌学的辅导方法要因人而异，要分析不同学生产生厌学的不同原因，有针对性辅导干预才能取得较好的效果。

（1）全方面分析是否存在大脑机能和精神心理疾病的因素。

如果存在这些方面的情况则要正确面对现实，不能掉以轻心或采取掩盖的态度，要主动寻求专业的医疗机构或人员帮助，动员家庭成员和孩子本人积极配合治疗，争取尽快康复。

（2）让孩子在学习的过程中感受到来自家庭、老师和同学的关爱和被需要的感觉。

人除了生存需求和安全需求之外，还有被关爱、被尊重、被认同、归属感和自我实现的需求。学生的大部分时间是在学习，如果在学习中得不到这些需求，厌学情绪就难免会产生。如果学生在学习中能不断得到鼓励，或者得到其他形式的关注和认同，他们就会感觉学习是非常好的事情，厌学情绪就基本不会产生。

家庭教育对孩子的成长是最重要的，人的一生在家庭中的生活时间最长，价值观、人生观的形成，人际交往、生活和学习上的习惯、性格等，大部分都是在家庭教育中开始形成的。一般情况下学生出现的问题都可以在家庭教育中找到原因，父母和整个家庭的价值观是否端正、是否科学对待学习成绩等，都会对孩子的学习兴趣产生影响。所以，学生在克服厌学情绪的同时，家庭成员也要积极配合，特别是父母，也要找到自身存在的问题，自己先克服，努力给其树立良好的榜样，营造温馨和谐的家庭氛围，让他们能够树立正确的价值观和人生观，激发他们的学习热情。

（3）定位学习动机，理解学习本质，进行学法指导，关注学习过程，不要为成绩所累。

作为过来人，回顾之前自己学生时代的学习，很多时候自己并不清楚学习到底有什么意义，该怎么学习，该学什么。现在的学生也和我们当时一样有这样的困惑，父母乃至老师可能也没有能给学生解惑。虽然现在一直在强调重视素质教育，但在现行的教育体制导向下，学生所感受到的依然是以成绩论英雄。听到最多的也是"你要好好学习，听老师的话，不要违反纪律，读好书，以后有好工作，将来……"其实学生知道，这样的目标很遥远，而他们身边恰恰有太多相反的例子。在这种情形下，成绩不理想的学生必定会对学习产生厌恶。其实，每个学生一开始都是渴望自己能学好的，但如果没有正确的学习方法和科学的思想认识支持，长期下来，他们对学习没有成就感，无助感、失落感就会越来越严重，厌学情绪就会逐渐产生。

作为老师，我们要与学生一同探讨，帮助他们认识学习的本质，降低对学生学习成绩的关注，让学生理解学习过程对自身成长的重要性，强化学习过程的趣味性，从不同角度让学生体会获得学习成果的乐趣。指导学生学习方法，使学生在学习时变得轻松，更能体会到学习的乐趣。

当然，并不是所有的老师都具备对学生进行心理辅导的能力，所以学校主管部门既要开展对老师的培训，同时也亟须成立家长学校，组织家长进行学习。对于厌学学生的辅导，要提前设计一些普遍性的集体活动方案和一些针对性的个体辅导方案，不断积累经验，在发现学生厌学时能够做到心中有方案，行动不慌张，这样才能更好地辅导学生克服厌学学生的情绪。在做厌学学生工作时，总结出所有厌学的原因都有很大一部分来自家庭教育因素。家长不能起到榜样作用，无法做好自己孩子幼年时期的思想引导，无法让孩子从小逐渐理解学习的作用，孩子在学习上没有明确的目标，从而对学习产生排斥。因此，需要教育行政部门牵头成立家长学校，组织学生家长进行学习，而且要将学习落到实处，在源头上做好，预防学生厌学。

四、结论

总之，厌学对青少年学生的身心成长有极大的危害性。当我们发现学生有厌学情绪时，不要简单地批评，要帮助他们分析原因，找到克服的有效方法，有必要时要求助专业的心理医生或医疗机构，力求让每一个学生都能身心健康，从而能轻松、主动地去完成学业，提高教育教学质量。

五、结语

由于我专业水平的限制和准备时间的关系，论文中很多观点的表达还不能言尽其意，还存在很多片面肤浅的表达，不足之处还请读者指正。

借助潮汕方言释义初中文言文
词语方法探讨

潮州市潮安区宝山中学　陈哲浩

文言文教学是初中语文教学的重要组成部分，可是在文言文学习中，很多学生学习起来感到困难，特别是对文言文词语的理解把握不准，无法很好地理解文言文的意思。而潮汕方言保留了许多古代汉语的特点，被称为古汉语的活化石。瑞典汉学家高本汉在《中国音韵学研究》中曾经写道："汕头话（潮汕方言）是现今中国方言中最古远、最特殊的。"著名训诂学专家赵振铎先生曾说："方言在训诂上具有重大的作用，利用方言材料解读古书，也会有很好的收获。"著名语言学家林伦伦先生也说："潮汕方言是保留古汉语词语较多的方言之一，至今活在潮汕方言之中的一些古词语，的确对阅读古词古义有着十分重要的作用。"因此，在潮汕方言区的文言文教学中，借助潮汕方言来释义文言文，帮助学生准确理解文言文词义句意，是一种可行的教学方法。

一、借助方言的读音释义

由于时代的变迁，古代汉语的一些读音在现代汉语中已经消失或者发生变化，学生往往因根据现代汉语读音来理解词义而出现释义错误，而潮汕方言却保留了许多古代汉语的读音，借助方言读音，可以更好地理解词义。

1. 夫君子之行，静以修身，俭以养德（《诫子书》）

行：品行。"行"表"品行"义时古音读为［xìng］，表"行走"义时读［xíng］。但现代汉语已没有［xìng］这个读音，"行"在以上两个义项都统读为［xíng］，部分学生因此容易出现释义不准，将例句的"行"释义为"行动""行为"等问题。而在潮汕方言中，"行"表"品行"义时读为［hêng6杏］^①，如"德行""言行"。表"行走"义时读为［gian5京5］，如"行路"。只要用潮汕方言读一下"行"字，就能准确释义。

2. 陶后鲜有闻（《爱莲说》）

鲜：少。"鲜"在现代汉语中表"少"这个义项时读为［xiǎn］，比如"鲜见""鲜有"。"鲜"另一个常见读音为［xiān］，表"新鲜""鲜明""味道美好"等义。由于两种读音仅音调不同，读音相近，部分学生容易读错字音，也易出现释义错误的现象。在潮汕方言中，"鲜"表"少"的意思时读为［siêng2癣］，比如"食釜［bhoi6买6］鲜蚀"，意为"吃的（食物）没有减少"，形容吃得很少；"鲜"表"新鲜""鲜明""味道美好"等义时读为［cin1妻（鼻化）］，如"海鲜""鲜花""新鲜"。两者读音差别很大，只要读出字音，就能很好地理解词义。

3. 沙性松浮，湮于沙上（《河中石兽》）

湮：埋没。"湮"表"埋没"这个义项时在现代汉语中读［yān］，其实"湮"在古语表"埋没""淹没"义时有两个读音，一读为［yīn］，一读为［yān］。《康熙字典》对"湮"的解释："《唐韵》於真切《集韵》《韵会》伊真切，音因。《尔雅·释诂》湮，落也。《说文》湮，没也。通作洇。……又伊甸切，音宴。没水中也。"而潮汕方言"湮"保留了古音读法，读为［ing1因］，读音与现代汉语读音［yīn］相近。比如"条路湮水去"（这条路被水淹了）；"水湮过门第了"（水淹过了门槛了）。用潮汕方言读音，辅助释义，简单易懂。

4. 陈王出，遮道而呼涉（《陈涉世家》）

呼：招、唤。"呼"表这一义时在现代汉语中存在"呼朋引伴""呼风唤雨"等固定短语中，但都读为［hū］。潮汕方言中"呼"表"招、唤"义时，文读音为［hu1夫］，口语音为［hou1户1］，如："爱行呼我一声"（要走时

---

① 本文方言注音用宽式国际音标，声调记单字调值，不记连续变调。潮汕方言的8个调值
分别为：1调：阴平33；2调：阴上53；3调：阴去213；4调：阴入2；5调：阳平55；6调：阳上35；7调：阳去11；8调：阳入5。

叫我一声）；"有好食知招呼我"（有好东西记得召唤我）。用口语音讲解，学生更容易理解词义。

二、借助方言的词汇用语释义

潮州方言保留了许多古汉语的词汇和用语，这些词汇用语既保留了古汉语的词义用法，又在日常生活中经常使用，浅显易懂，借助这些常用词汇用语来辅助释义，可以让学生更好地掌握文言文词义。

1. 一箪食，一瓢饮（《〈论语〉十二章》）

饮：指水或米汤。在潮汕方言中，米汤也读为［am2］，如"饮糜［muê5］"（稀饭）。潮汕俗语"行三家乞无碗饮"（走了三户人家都讨不到一碗米饭，形容倒霉之至）。在现代汉语中，"饮"作为"米汤"的义项已消失，学生往往很难准确理解词义和句意，而通过熟悉的方言释义，学生可以很快掌握词义。

2. 身已半入，止露尻尾（《狼》）

尻：屁股。现代汉语中已经没有用"尻"来表示屁股了。而在潮汕方言中"尻"读［ga1胶］，屁股读为"尻仓"，词义与古语相同，浅显易懂。

3. 阿姊闻妹来（《木兰诗》）

阿姊：姐姐。现代汉语中"姊"也有保留"姐姐"这一义项，但日常用语很少见。潮汕方言中"姊"读为［zi2止］，读音与古语相近，"姐妹"称为"姊妹"，如"姊妹团［gian2京2］过相好"，意为"姐妹俩很和睦"。

另外，潮汕方言经常在亲属的称谓、姓名、排行前加上"阿"字，用来称呼特定的人或事物。比如"阿妹""阿三""阿舅"等。林伦伦先生对这种常见的口语现象做了如下论述："先秦汉语和闽南语的名词前面都可能有一个开口度较大的音节作为前缀（词头），以便呼应。'阿'是这个音节在南北朝时的写法，南方方言把它保留下来了。"因此，用潮汕方言中保留的这种常见古用语来释义例句中的"阿姊"、《木兰诗》中"阿爷无大儿"的"阿爷"，学生更容易理解。

4. 箕畚运于渤海之尾（《愚公移山》）

箕畚：用竹篾、柳条等编织的器具，这里指用箕畚装载土石。"箕畚"一词学生开始接触的时候没有什么概念，只知道是一种装载器具，其实这种农用装载工具在潮汕地区非常常见，潮汕方言称之为"畚[bung3粪]箕[gi1基]"。"箕畚"古汉语也称"畚箕"，《古代汉语词典》对"畚"的解释为：古代用草绳做成的盛器，后编为竹，即"畚箕"。《汉语大辞典》对"畚"的解释其中一个义项为：用畚箕装载。这一义项下所举例证就有上面课文例子，所以只要跟学生点明"箕畚"就是我们日常所见所说的"畚箕"，学生就能很好理解这种工具及词义。

5. 锦帽貂裘，千骑卷平冈（《江城子密州出猎》）

裘：皮衣，皮袄。"裘"的"皮衣"之意，在现代汉语中保留在"狐裘""集腋成裘"等词中，日常用语很少见。"裘"在潮汕方言中读"[hiun5何幼5]（白）①"，泛指各种材质的袄，包括棉袄，皮袄等。"裘"是一个日常用语，如"个皮裘到雅"（这个皮袄很漂亮）；"个裘穿起去"（把这个棉袄穿上去）。

6. 天时不如地利，地利不如人和（《孟子二章》）

天时：宜做某事的自然气候条件。《汉语大词典》对"天时"的释义如下：①天道运行的规律。②指时序。③宜做某事的自然气候条件。④犹天命。⑤气候。⑥时候。"天时"在现代汉语中比较少见，但在潮汕方言中却很常见。比如"春天时"（表时序）；"落雨天时"（表天气）；热天时（时序，气候）；天时旱，收成少（表自然气候条件）。

7. 米粟非不多也（《孟子二章》）

米粟：米和粟，泛指粮食。在现代普通话中，已经不用"米粟"来指代粮食，但潮汕方言中仍用"米粟"来指代粮食，比如"食了人个米粟"（吃完了粮食却没办好事情，形容人如"饭桶"）；"恁内米粟加"（你家里粮食多）；"米粟孬浪费"（粮食不能浪费）。

8. 途中两狼，缀行甚远（《狼》）

缀：紧跟，跟着。在现代汉语中，"缀"已经没有"跟着"的义项，部分学生无法理解词义。在潮汕方言中，"缀"读[duê3兑3]（白），仍保留"紧跟，跟着"的意思。如"缀伊行"（跟他走）；缀伊来去（跟他一起

———————————

① 潮汕方言同一字词有文读音和口语音，口语音也称"白读音"，在读音后标（白）指该字的白读音。下同。

去）。词义和用法与古汉语相同，简单易懂。

行：行走。在古汉语中，"行"可以单独做动词，表示"行走"的意思。比如"缘溪行，忘路之远近"（《桃花源记》）；"三人行，必有我师焉"（《〈论语〉十二章》）。在潮汕方言里，"行"读［gian5京5］，也是"行走"的意思，如"缀伊行"；"在公园行"。其用法与古语相同，容易理解。

9. 双兔傍地走（《木兰诗》）

走：跑。在现代汉语中，"走"除了在"奔走""逃走""走马观花"等少数词语中保留"跑"的古义外，其他用语中"走"的词义和用法都发生了变化。潮汕方言中"走"字仍保留古代汉语"跑"的意思。比如"宽宽行就好，免走"（慢慢走就好，不用跑）；"雨来哇，猛走"（雨来了，快跑）。

10. 其中往来种作，悉如外人（《桃花源记》）

种作：耕作。"种"现代汉语读为［zhòng］，"耕种"的意思；"作"读为［zuò］，"劳作"的意思。在这里"种"和"作"都是动词，意为"耕种劳作"。

"种"单独作为动词在现行普通话和潮汕方言都比较常见，比如"种花""种草"，而"作"表"劳作"的意思在普通话中已成为一个语素，比如"精耕细作""作息"等。而"作"作为独立动词，却广泛存在于潮汕方言中，比如"作［zoh4做4］（白）花"（绣花）；"作田"（种田）；"作工课"（干活）；"今日无事作"（今天没事情做）。"种作"在现代汉语中已没有使用，但潮汕方言仍保留了这一古语的读音和词义。如"种［zêngà众］作［zoh4做4］来孬［mo2毛2］"（耕种得不好）。

11. 将军向宠，晓畅军事（《隆中对》）

晓：懂得，知道。"晓"在现代汉语中表示这个义项的词语有"知晓""家喻户晓""晓得"等词，且已经成为一个语素。而潮汕方言"晓"仍保留了古汉语单独作为动词的用法和词义。比如"晓唔晓？"（懂不懂？）；"教到你晓，百钱使了"（教到你懂，钱都用完了。用来调侃别人理解事物懂得太慢）；"晓就好"（懂得了就好）。

12. 妾之美我者畏我也（《邹忌讽齐王纳谏》）

畏：害怕。"畏"表"害怕"这一义项，在现代汉语中，除了"望而生畏""无所畏"等固定短语保留古汉语作为独立词的用法外，大都作为语素出现，比如"畏惧""畏难""畏怯"等。在潮汕方言中，"畏"读为〔uin3谓（鼻化音）〕，表害怕的意思，保留了古汉语作为独立动词的用法和词义。"畏"属于日常用语，比如"畏嬷"（怕老婆）；"畏伊骂"（害怕他骂）；"畏神畏鬼"（怕神怕鬼）；"惊生畏死"（贪生怕死）；潮汕俗语"日哩畏水，夜哩畏鬼"（形容人胆小怕事）。

综上所述，在潮汕方言区的文言文教学中，借助学生所熟悉易懂的地方母语，从潮汕方言的读音、词汇和用语等方面来辅助释义文言文词语，可以帮助学生减轻文言文学习的困难，可以让文言文教学更加生动有趣，可以提高学生学习文言文的兴趣，还可以让学生了解更多的方言知识和本土文化，可谓一举多得。

参考文献：

[1] 潮汕历史文化研究中心，汕头大学潮汕文化研究中心.潮学研究9 [M].广州：花城出版社，2001.

[2] 林伦伦.潮汕方言的古词语及其训诂学意义[J].语文研究，1997（1）：42-46.

[3] 林伦伦.潮汕方言实词的几种词法特点[J].汕头大学学报，1991（2）：62-69.

[4]《古代汉语词典》编写组.古代汉语词典[M].北京：商务印书馆国际有限公司，2012.

[5] 罗竹风.汉语大词典[M].上海：上海辞书出版社，1994.

[本文发表于《粤东基础教育研究》2021年第2期（总第42期），发表时略有删减。]

引才·育才·留才，助推教育高质量发展

潮州市潮安区宝山中学　卢继荣

党的二十大报告中强调："教育、科技、人才是全面建设社会主义现代化国家的基础性、战略性支撑。"做好新时代人才工作，必须深入学习贯彻党的二十大精神，全面落实党中央决策部署和省委以及市委的工作要求，必须坚持以习近平新时代中国特色社会主义思想为指导，深入学习贯彻党的二十大精神及习近平总书记在中央人才工作会议上的重要讲话精神。为此，潮安结合地方实际，大力引才，精心育才，真情留才，以人才引领学校高质量发展，提升办学质量，办好人民满意的教育。

一、招才引智，筑牢人才之基

发展是第一要务，人才是第一资源。针对学校高层次人才相对缺乏的情况，潮安根据上级部门的人才会议精神，抓紧制定市委出台的"韩江人才计划"相关工作细则，结合《潮州市潮安区教育系统引进高层次人才实施方案（2021—2025年）》，通过多渠道引进高层次教育人才，开通高层次人才引进"绿色通道"，为其提供快捷周到服务，同时结合各学校学科需求精准提升引才效率，进一步优化教育人才队伍结构。

二、加强人才培育，夯实选人用人根基

根据调查，目前潮安一些学校领导干部老龄化问题凸显，干部队伍后备力

量培养不足；师资队伍结构不合理、部分教师专业素质薄弱；高素质人才发展缺乏科研平台支撑，等等。针对这些问题，我提出了三点建议。

（一）成立潮安区名校长工作室，加强中青年校长后备队伍建设

潮安应参考《广东省中小学名教师、名校（园）长、名班主任工作室管理办法》的文件精神，遴选富有改革创新精神、管理业绩较为突出的校级领导作为名校长培养对象，以"名校长工作室"为活动载体，充分发挥名校长的示范和引领作用，通过培训、实践、研讨等活动，探索建立一套发现、培养中小学后备领军人才以及优秀教育管理干部的新机制，全面提高校长队伍的整体素质。

（二）成立区人才督导委员会，加强青年教师的业务能力培养

潮安应依据"加大力度、巩固提高、全面推动"的人才培养要求，成立区人才督导委员会，定期邀请名师专家对教师进行指导培训，统筹协调骨干教师定期支援薄弱学校，督促学校应制订详细的人才岗位练兵实施方案，以科组活动为主渠道，以导师制为主线，以公开课、示范课、观摩课、调研课为载体，加强青年教师的在岗培训，定期举办青年教师教学基本功比赛和优质课评比活动。加强集体备课，营造学习型科组，帮助青年教师过好业务关、进修关、科研关。

（三）加强科研制度保障，为青年教师发展赋能

2017年7月，汕头市金平区人民政府办公室印发了《金平区教育系统引进全日制博士研究生等高层次人才若干优惠措施》，该文件特别提到"对引进的全日制硕士研究生，设立硕士团队工作室，由教育局每年拨付专项工作经费，积极支持引进人才开展学术活动、学科建设、人才培养以及教育教学改革实验和科学研究。"有关部门可参考并出台针对性的举措：设立硕士团队工作室，每年拨付专项工作经费，聘请名家作顾问，积极支持青年教师开展教育教学改革实验研究；支持定期举行人才教育教研经验交流会，提升人才专业水平；鼓励青年教师有针对性地申报专项课题，参与课题研究，运用研究型课题助推学校教学方式的转变；支持青年教师参加高校和科研机构的学术研讨会，促进人才全面发展。

三、注重人文关怀，提升人才的归属感、幸福感

如何留住人才，稳固教师队伍，是我们学校教育发展再提升的重要课题。

有关部门应坚持人人都能成才的理念，通过学校"大熔炉"使青年教师得到锻炼再造提升，"大家庭"关心呵护其成长。不断改进教育教学设备，美化校园环境，并完善学校绩效改革制度，发挥绩效的激励作用，让青年教师在工作生活中感受到学校的关怀、社会的温暖。积极拓展"请进来，走出去"的方式，加强青年教师与外界的交流沟通，浓化教学教研氛围，促进青年教师专业成长。在工作生活中多关心青年教师，帮助解决青年教师遇到的困难问题，这样才能增强青年教师对潮州的归属感，避免人才流失，更好地留住人才。"时代呼唤人才，发展需要人才。"当前，我们比历史上任何时期都更加渴求人才，要始终贯彻落实"人才是第一资源"理念，完善人才制度，健全人才激励机制，充分释放人才活力，提高人才队伍质量，实现全方位引进、培育、留住"人才"，让更多的优秀人才扎根潮安，推动学校教育发展迈上新的台阶。

"四诊"合参，转化后进生

潮州市潮安区宝山中学　黄立荣

转化后进生是班主任工作的重点，也是棘手的问题。后进生成因纷繁复杂，是各种不良主客观因素长期相互影响、相互作用的结果，转化非一朝一夕之功。后进生犹如"病人"，有时候表征相似但病因却迥然不同，班主任必须像一个"好大夫"，用心"望闻问切"，四诊合参，诊断其根本"病因"，对症施治，才能使后进生迷途知返，健康成长。

一、望——细心观察

要转化后进生，首先必须要对他们的学习、生活有所了解，因此对后进生的细心察言观行必不可少。班主任由于工作需要，和后进生接触频繁，便于进行观察。班主任对后进生的课堂学习状态、课间活动情况进行细心地观察，并记录在案，及时进行整理、综合分析，对后进生的分类、分期有重要的意义。

观察后进生要点有二：一是不同时段的观察比较。比如，有的后进生上课无心听讲，屡屡违反课堂纪律，而课后却是规规矩矩；有的后进生上课规规矩矩不声不响，但一下课却滋事生非，违纪不断，因此班主任观察要全面而细致；二是观察时间要有一定跨度。有的后进生某一段时间可多次严重违反纪律，但某一段时间却安分守己，班主任也不能够放松警惕，应持之以恒长期观察，不因后进生有暂时好转而松懈。长期细致的观察可以让班主任积累大量第一手资料，通过比较分析，形成初步判断，并可对后进生的思想动态进行初步的定型、分期，为接下来的转化奠定基础。

二、闻——用心倾听

要准确、全面了解后进生的基本情况，只用心观察是不够的。班主任还要通过多种渠道，用心去倾听第三方对于后进生的评价，并在各种声音中求同存异，去芜存菁，对后进生的基本情况做出更准确的判断。我认为，班主任可以通过以下三种途径对后进生进行再评估和定位。

1. 多倾听科任老师的声音

观察期内，班主任可先与科任老师达成共识，请科任老师关注后进生的课堂状况，通过倾听不同的科任老师对于同一个学生的评价，进行综合分析，获取更深层的信息。比如，一个成绩差的学生，有可能语文、政治科任老师反映该生上课经常无心听讲，而数学、物理科任老师又反映他上课精神抖擞，全神贯注，那么班主任经过综合分析可推断出该生对文科有所偏恶，一下子便可以找出其成绩不佳的根本原因。

2. 多倾听其他学生的声音

作为同班同学，在一起学习、生活时间久了，相互之间自然也更加了解。所以要了解后进生，莫过去多倾听同班其他学生的声音。通过与其他学生有针对性、有目的性地交流，倾听他们对后进生的评价，便于班主任掌握后进生更为全面的信息。比如，该生是否也有闪光点，或者还有哪些平时老师没有观察到的缺点。

3. 多倾听家长的声音

班主任还应该加强与后进生家长的联系、交流。比如，可多同家长进行电话沟通，在条件允许的情况下，最好进行家访。不当的家庭教育是后进生的重要成因。多与家长交流，既有利于班主任了解后进生在校外的表现，同时也可窥探出家长的家庭教育是否得法，有时更可获得预想之外的信息，为转化架桥铺路。比如，我曾经转化过的后进生小黄，小黄在学校无心向学，违反纪律是家常便饭，三天两头打架斗殴，甚至曾被派出所传唤。几乎所有的老师和同学都避之不及，认为该生是坏到骨子里去了。但我到该生家中家访，跟其父母交流，发现该学生在家中竟然是一个非常懂事的孩子，除了天天做家务，还经常打零工补贴家用。我一下子抓住了该生的闪光点，为后来该生的顺利转化指明了方向。除此之外，多与家长交流，也容易让一些对孩子不管不问的家长有所触动，引起家长对孩子的重视，配合学校教育，双管齐下，形成合力。

三、问——耐心询问

犹如治病求诊一般，病人只有详细陈述身体如何不适，精神感受如何，才最有利于医生了解病征，对疾病做出最准确的判断。同理，后进生的内心世界往往敏感而复杂，光靠观察和旁听，班主任也很难洞悉其微妙的内心世界。因此，唯有不厌其烦与其进行交谈，才是深入了解后进生内心世界的最佳途径。

1. 打破"沉默是金"

经常有这样的后进生，在跟班主任交流时，他们往往"沉默是金"，一声不吭闷着头听着班主任的"念经"教诲。实在没办法就"嗯""啊"几声敷衍了事。师生交流完全变成了一场班主任自导自演的独角戏。究其原因，我认为，学生之所以不愿开口，根本原因在于他的防备心理，大多数后进生总在潜意识里把班主任当成天生的敌人，犹如老鼠见了猫，与班主任之间自然就不自觉地筑起一道"柏林墙"——师生隔膜。这并不全是学生的错。工作中，也曾见某些班主任视后进生如仇敌，谈之咬牙切齿。如此一来，师生之间还有何真诚、有何感情、有何交流可言？因此，班主任对待后进生，不但要将其与其他学生一视同仁，更应该像对待自己的孩子一样给予他们更多的关怀。比如，多给他们一个关爱的眼神，多表扬他们一声，多走近他们身边，多拍拍他们的肩膀……只有让后进生们真真切切感受到班主任的关心呵护，那么他们自然也会对班主任产生感情，自然也就愿意将内心的感受和盘托出了。

2. 不谈学习，只谈"风月"

许多班主任在和后进生交流时，往往是长篇大论：小X啊，你可要好好学习，天天向上，以后才能有出息……想那"资深"后进生，这番话也早已听过百遍千遍了。说再多，焉能有所感触呢？相反地，一针见血、一本正经的说教更容易引起他们的反感和厌烦。就适得其反了。班主任不妨转变思维，换一个角度，从后进生日常生活谈起，比如，他爸爸妈妈的工作情况，爷爷奶奶疼不疼他，最喜欢到哪些地方去玩，最讨厌别人怎么对他……如此三番五次进行拉家常式的交流和询问，一来生活化的交流可以卸下后进生严重的戒备心理；二来这样往往使后进生更容易在潜移默化间接受班主任的熏陶，有曲线救国之妙。比如，我曾遇到过一个后进生，为人斤斤计较，容不得别人说半句不好，几乎天天和同学闹矛盾。我多次和他拉家常交流，结果有一次问他说："老师找个时间到你家坐坐，欢迎不？"他说："欢迎。不过老师去了别笑话我，我家很穷，房子很小很破旧。"我似乎有所悟，再经过反复交流，终于理解了该后进生原来是因家境贫寒，自卑心作怪所致。

四、切——精心施治

经过前期大量的准备，此时班主任对后进生的情况已经有全面、翔实的了解，转化便显得游刃有余了。当然，一个准确的个性化转化方案至关重要。

1. 对症施治

班主任必须根据后进生的实际情况制定相应个性化转化方案，做到有的放矢。比如，有的后进生是因家长疏于管教导致的，那么班主任可以多对其进行电访、家访，让家长也重视起孩子的教育；一些后进生是由于厌学导致的，那么班主任可以多与科任老师交流，让科任老师多关注该学生，教给他别致有效的学习方法……不同类型不同时期对应不同的个性化方案。比如，曾有一后进生小林，看小说入迷，上课无心听讲，连我的语文课也照看不误。多次做思想工作无果。有科任老师没收她的小说她就重新买来继续阅读，"负隅顽抗"。我便请她到办公室，跟她说："你喜欢看小说，我也很喜欢，我们算是有共同的爱好，所以我的课特许你看小说，你可以大大方方拿上来看，但是其他课不行，要认真听讲。还有，每个星期必须上交两篇550字以上的原创作文作为阅读感想。"该女同学最终同意了。依此施行一段时间后，她的作文水平有了质的提升，语文成绩有了明显提高，其他科目成绩也赶上来了。我趁机让她当了班干部，为了树立威信，她毅然戒掉了上课看小说的坏习惯。

2. 保持与巩固

许多后进生经对症转化后，往往短时间内面貌焕然一新，无论是言行举止还是学习成绩都会有所提高，此时，班主任切不可沾沾自喜，以为大功告成，放松监管。后进生心理素质往往较差，抗外来诱惑的防线脆弱。一旦失管，容易旧态复萌，前功尽弃。班主任在转化取得初步成效时，可根据实际情况及时调整方案，使后进生按预定轨迹一步步走上正道。转化后进生是一个长期的琐细的过程，班主任要有持之以恒的耐心，做好打持久战的思想准备。

综上所述，"国医大爱，仁心仁术"，古来圣手大医莫不有拳拳仁爱之心，转化后进生，"望闻问切"只是技术手段，其真正核心始终是班主任一颗真诚的爱心。没有爱，就没有教育，也就更谈不上转化后进生了。

潮商文化融入学校德育工作的尝试

潮州市潮安区宝山中学　陈　瀚

潮商文化博大精深、兼容并蓄，有根、有源、有血、有脉，以思想为先导，以发展为共识。有研究归纳了潮商文化中有以下十条主要特征：胸怀世界，心连故土的家国情怀；尊师重道，义利兼顾的传统美德；好学实干，精益求精的务实精神；回报社会，热心公益的奉献风格；敢立潮头，爱拼会赢的竞争意识；团结合作，共建共享的发展理念；艰苦朴素，勤俭节约的淡泊境界；忠诚敬业，言行一致的守信品质；改革创新，奋发有为的进取心态；开放包容，经世济民的友善胸襟。

学校以立德树人为根本任务，培养德智体美劳全面发展的社会主义建设者和接班人。将潮商文化融入学校的德育工作，以开展活动为载体，借助潮商文化的精神内涵充实并丰富学校德育工作，有助于学校立德树人这一根本任务的实施。这种类型的活动值得我们不断地尝试开展，然后总结经验，并进一步指导我们的德育实践。

潮州市潮安区宝山中学是由爱国实业家、香港潮属社团总会创会主席陈伟南先生独资赠建的一所区直属完全中学。陈伟南先生是潮商的杰出代表，他两度只身赴港谋生，艰苦创业，事业有成，不忘祖国，不忘家乡，对祖国故乡一往情深，为了祖国繁荣富强、文教昌盛，他慷慨捐资捐款。我们可以看到潮商文化的特征在他这样传奇的人生中体现得淋漓尽致。作为宝山中学的教育工作者，我们应充分利用这一得天独厚的优势，将潮商文化融入学校德育工作。我们举办了一些活动，也做了一些尝试。

在2022—2023学年度，为进一步弘扬和学习潮商精神，引导全体学生向杰出潮商学习，借助榜样的力量，培养学生爱党、爱国、爱乡的家国情怀，营造勤奋读书、努力学习、奋发向上的校园和班级文化，形成全体学生努力拼搏、无私奉献的良好风气，提高学生综合素质，我们在全校各班开展以"弘扬潮商精神，培养家国情怀"为主题的"陈伟南班"评选活动。

我们认为潮商文化是潮州文化的重要组成部分，潮商具有自强不息的拼搏精神和爱国爱乡、甘于奉献的家国情怀。蕴含潮商文化的潮州文化有助于学校立德树人总体目标的实现，对培养学生爱国、爱家、爱校，勤奋学习、努力拼搏的高尚情操具有重要意义。在全校开展"陈伟南班"评选活动，意在以著名侨商陈伟南先生的精神为灵魂，在学生心中树立健康向上的"明星"形象，让名人成为学生学习和效仿的榜样，让学生在学习和研究名人的过程中，深切体验，启迪感悟，积极认同和大力弘扬名人精神，进一步形成自身正确的世界观、人生观和价值观。

结合潮商文化的精神内涵，我们为评选"陈伟南班"设置了三个考核指标，每个考核指标设有对应的考核分数。三个考核分数总和最高的班级荣获"陈伟南班"的光荣称号。我们分别在高中部和初中部各评出一个"陈伟南班"。

第一个考核指标是勤奋学习、努力拼搏。

这一指标具体体现在班级学业成绩上。我们希望通过这一指标的设置能够使得各班学生在班主任和科任老师的引导下，学习潮商自强不息、努力拼搏的精神，并将其运用到个人的学业中来，形成勤奋学习、努力拼搏的学风。对于这一指标我们有两次积分考核。第一次积分考核是以第一学期阶段考试或期中教学质量监测为依据，根据班级整体成绩在年级的名次进行积分，第一名15分，第二名14分……以此类推。之后各班级的各次校级教学质量监测成绩年级排名所得积分将计入第一学期期末的第二次积分考核。两次积分的和就是第一个考核指标的分数。

第二个考核指标是热爱祖国、热爱家乡、热爱学校、热爱班级。

爱国爱乡从爱校爱班开始，这个指标具体体现在各班的"文明班级"评比的得分上。我们希望通过设置这一考核指标指引学生学习潮商爱国爱乡的家国情怀，从爱校爱班做起进而不断地升华出爱国爱乡的情怀。对于这一指标我们同样有两次积分考核。第一次积分考核以第一学期第一、二学月各班文明班评比的得分进行年级排序，按名次进行积分，第一名15分，第二名14分……以此类推。之后各班级的各学月文明班评比年级排名所得积分将计入第一学期末的第二次积分考核。两次积分的和就是第二个考核指标的分数。

第三个考核指标是学习"伟南精神"，倡导潮商文化。

我们结合学校实际，充分利用校本文化，将学习潮商杰出代表陈伟南先生的精神作为学习潮商文化的重要载体，通过主题教育活动的形式组织开展。我们制订了《"弘扬伟南精神，倡导侨商文化"主题教育活动方案》并要求各班按方案要求组织落实相关活动。活动结束后，我们根据主题教育活动方案中附加的评比细则对各班进行评分并按年级进行排名，各班按年级名次所得积分（第一名15分，第二名14分……以此类推）作为第三个指标的分数。

"弘扬伟南精神，倡导侨商文化"主题教育活动的开展是组织全校师生共同学习潮商文化，践行潮商文化精神内涵的有效途径。主题活动分为三个阶段开展。

第一阶段是宣传、动员。

我们在第一学期开学就公布活动方案，要求各班主任利用班会课组织学生学习活动方案，阐明活动意义，调动学生积极性，并为组织以"弘扬伟南精神，倡导侨商文化"为主题的班会课做好准备。团委对学生干部、广播站负责人、各班团支书、各社团负责人就主题教育活动的开展进行全面动员和指导。

第二阶段是组织实施。

我们要求各班在第二学月召开以"弘扬伟南精神，倡导侨商文化"为主题的班会课。要求各班通过前期有关资料的学习和搜集，精心设计以"弘扬伟南精神，倡导侨商文化"为主题的班会课教案并制作课件，各班主任按规定时间组织召开主题班会课，深入学习陈伟南先生先进事迹，深刻理解陈伟南先生"事业成功在于努力，人生价值在于奉献"的人生座右铭，倡导知恩感恩的潮商文化，培养学生的责任意识和集体观念。各班设计的教案和制作的课件以及班会课的开展效果作为活动评比的项目进行评分。同时，在各班布置主题图书角并开展主题阅读活动。要求各班在教室设立主题图书角，由学校图书馆统一配送陈伟南先生事迹、感恩教育等相关读物，在图书角上方张贴主题标语，班主任组织和开展小组阅读或个人阅读比赛，撰写读后感，每班推荐两篇优秀作品，参加全校评比，对获奖个人将颁发荣誉证书并在活动评比中加分。我们还组织"弘扬伟南精神，倡导侨商文化"为主题的国旗下讲话和手抄报比赛。为践行无私奉献的"伟南精神"，我们还要求各班在主题活动开展期间任选时间组织开展一次志愿者服务活动，可以是清除学校及学校周边存在的卫生死角，或是其他力所能及有意义的活动。各班开展志愿服务活动及相关简讯或美篇作为活动评比的项目进行评分。学校志愿者青年服务队也在此期间开展一次校园志愿者服务活动。

第三阶段为总结。

我们要求各班主任指导学生就本班主题教育活动月的开展情况进行总结，并将活动开展情况、特色、效果及图片资料整理后形成班级活动简报或美篇上报。总结材料作为活动评比的项目进行评分。

"弘扬伟南精神，倡导侨商文化"主题教育活动的开展将"陈伟南班"评比活动推向高潮，是潮商文化融入学校德育工作的一次成功尝试。

无论是以"弘扬潮商精神，培养家国情怀"为主题的"陈伟南班"评选活动，还是以"弘扬伟南精神，倡导侨商文化"为主题的教育活动，都受到全校师生的热烈欢迎，得到了各年级各班的积极响应。活动开展得有声有色，精彩绝伦。各班的主题班会内容丰富，各有侧重，但无不充分体现潮商文化的精神内涵，在学生中产生了热烈反响，对学生产生了深远影响。读书活动更是掀起一股学习"伟南精神"的热潮，同学们有感而发，泼墨挥毫，写下一篇篇读后感。活动中，803班的学生在老师的指导下对学校师生围绕心目中的"伟南精神"和如何践行"伟南精神"等话题进行采访并形成采访报告。活动中更有学生自发组织对学校"伟南精神"文化长廊的宣传展板进行擦洗的志愿活动。我们也组织了主题优秀手抄报的展览。总之，活动效果显著，达到了预期的目标。

最终，高中部的高一（1）班和初中部的801班凭借各项考核指标优异的成绩获得"陈伟南班"的光荣称号。学校在第二学期的开学典礼上为这两个班级授牌，树立起学习潮商文化优秀典范的标杆并号召全校各班学生要向他们学习。希望全体学生学习潮商文化的精神内涵，不断地自我完善，最终成为对社会有用的人。

德育不是一项一蹴而就的工作。学生的德育工作需要以活动为载体，通过举办一场场活动潜移默化地影响学生以达到教育目的。通过组织这样的活动，我们将潮商文化融入学校德育工作，克服德育空洞说教的局限性，促进学生高尚思想品德的形成，打造有特色的班级文化，让每个学生在潮商文化精神内涵的熏陶下健康、快乐地成长，彰显德育模式、潮州文化和校园文化的可操作性的特色。我们将继续尝试开展一些这样有利于学生成长的活动。

地方传统文化推动教育优质发展的探究

——以潮汕文化走进高中英语课堂为例

潮州市潮安区宝山中学　陈琳榕

2020年10月，习近平总书记视察广东潮州期间指出"潮州文化具有鲜明的地域特色，是岭南文化的重要组成部分，是中华文化的重要支脉。"以地方传统文化推动教育优质发展有助于加快建设高质量教育体系，推动素质教育的进程《普通英语高中课程标准（2017年版2020年修订）》指出，英语学科的核心素养包括语言能力、思维品质、文化品格和学习能力四个维度，进一步明确了普通高中英语学科教育的全新定位，强调了语言的工具性与人文性的统一，要有效教授学生学习并运用"英语语言"，同时还要注重文化交际能力的培养，符合"立德树人"的基本要求与根本任务。以课堂教学为重要实施途径，以文化展示为形式，通过引入当地文化内容进行教育教学活动，实现潮汕文化走进英语高中课堂提高高中生核心素养的目标，让学生在了解和学习潮汕文化的过程中，潜移默化地实现文化教育的具体化和实践化。可见，将潮汕文化与高中英语课堂相结合具有积极的研究意义，不仅有助于帮助学生在英语学习过程中提高英语水平，提升语言输出能力，而且能坚定自身的文化自信，推动地方文化的传承和推广，真正做到与时俱进，在英语教学中既有利于实现立德树人的育人目标，也有助于推动英语教学优质发展。

一、潮汕文化教学在高中英语课堂中的现状

语言是文化的载体，随着中国综合实力不断增强，帮助学生掌握使用英语来表达中国传统文化的能力尤为重要。潮汕文化是岭南文化的重要组成部分，

是中华文明的一部分，是古中原文化的遗存，是在历代传承过程中不断发展而形成的汉文化中的子文化。潮汕地区的高中生应有着传承和创新本土优秀文化的使命感，更好地承担起传承潮汕文化和推动教育优质发展的重担。2014年3月，教育部印发的《完善中华优秀传统文化教育指导纲要》中指出，对学生进行中华传统文化教育在增强文化自觉自信，以及培养学生良好思想品德和行为习惯等发挥着积极作用。其中还提到中学生要了解、接触、体验和感受不同地域文化，教师应引导学生尊重民族文化习俗，也鼓励学校充分挖掘和利用本地中华优秀文化教育教学资源，推动教育优质发展。高中英语课堂作为师生学习和了解中西方文化的重要平台，积极探索高效的教学方法以提高广大高中生对传统优秀文化的认识和再产出能力，培养正确的文化价值观，提高文化教学的效率是潮汕地区高中英语课堂的重要教学任务之一。尽管越来越多英语教师认识到文化教学的重要性，但是在实际教学过程中也是困难重重。

首先，英语作为高考重要应试科目之一，英语教学长久以来是一种为提高学生高考成绩而展开的应试教育。教师在教学中受限于繁重的教学任务和升学的压力，过于注重英语语言技能教学，使其具有一定的枯燥性，不仅忽略了文化教育，也忽视了优秀文化在交流中的重要意义。高中英语课堂是进行文化传播的重要载体，英语教学应当具有国际交往、文化交流与互动实践等功能。传统文化的传承关系着国家与民族的发展，也能促进学生的全面发展。学生本身的文化意识比较淡薄，对于传统文化的认识不够深刻，更别说如何在交流中运用英语来传播中国文化。

其次，在人教版高中英语教材中，传统文化教学内容所占比例不大，教师课堂教学过度重视英语语法和单词，较少涉及传统文化内容，教师开发乡土教材的能力不足，不能挖掘搜集与传统文化相关的内容，无法很好地进行东西方文化差别对比，跨文化教学的意识不够强烈。如果文化资源无法与英语课堂、学生生活联系起来，很大程度上会使得英语课堂的传统文化渗透能力被削弱，学生对文化内容接触不够，本土文化修养不足，缺乏对表达中国文化的语言积累，自然地，想要流畅地进行英语输出也就不容易实现。而实际上大部分学生对潮汕文化是感兴趣的，有想进一步学习和了解的需求，但学习机会不多。当下是一个网络信息化高速发展的时代，各种社会思潮不断涌现，传统观念与现代观念并存，不断影响着高中生的生活方式和价值取向。在多元文化的冲击下，他们的价值观树立也受到了影响，有些甚至产生价值观迷茫与困惑的问题，迫切需要正确的价值导向。

最后，现在高中学校的教学方式大多还依然沿用以教师为主体的传统讲授式教学模式。这种模式在一定程度上影响了学生的学习兴趣，使得高中英语教育的效果并不理想。面对这样的现状，英语教师应改变传统教学方法，最大限度地将学生的学习、思考、实践交给学生自己，提高英语课程资源开发能力，对教学内容的文化内涵进行深度探讨和挖掘，将地域文化融入课堂设计中，进行教学内容的创新，积极尝试并采取各种有效的措施，改善当前英语教学的现状，实现区域文化内涵在英语课堂教学中的深化，用润物细无声的方式实现对学生潜移默化、慢慢熏陶的教育过程，助力每一个学生的成长，帮助每一位学生成为有健全人格的人，从而实现教育的高质量发展。

二、潮汕文化走进高中英语课堂中的设计思路

1. 教学内容的选取

教学内容作为实现教学目标的教学媒介和教学载体。教师要结合当前的具体的教学环境，充分挖掘本土文化，就近取材，选取以潮汕英歌舞、工夫茶、潮汕饮食、潮汕祠堂、潮汕方言、潮绣、潮乐、潮雕、潮塑、潮汕侨批文化为代表的潮汕文化。选择不同文化表现形式将其融入与教材相关的单元教学中，教师在学生进行课堂英语展示之前，给出具体的文化主题，让学生以小组合作的形式自主收集传统文化相关内容，鼓励学生积极进行合作探究学习，体现英语课堂生活化和实用性，增强学生对本土文化的归属感跟学习兴趣，更能帮助学生获得更深刻的文化领悟，达到提升传统文化渗透质量的效果，使学生内化于心，外化于行。

2. 教学目标的明确

在课程开展前，教师应做好充分的准备，搜集与传统文化相关的英语教学内容，实现教材与传统文化、学生与传统文化之间的紧密联系，构建良好的视听环境，以当地传统文化不同的表现形式来吸引学生，丰富课堂内容，活跃课堂气氛，提高学生学习英语的热情。教师可以通过讲授与潮汕传统文化相关的知识或故事，让学生对潮汕传统文化的不同形式有基本的了解，或者组织学生到本地的博物馆进行更全面、更深入的了解，帮助学生对当地优秀文化有更深

的感悟，让学生对博大精深的中华文化产生更大的好奇心和兴趣，进一步激发学生以英语作为媒介的动力，用英语讲好家乡故事，推广地方传统文化走向世界。同时，教师应有以学生为主体、教师为主导的教学思想，充分发挥学生学习的主动性，善于导趣，将地方优秀传统文化带进课堂，激发学生的求知欲，使学生在"学中"变得"好学""乐学"，让学生在生活中学会英语，运用英语，提高语言交际能力，从而发展学生的综合能力。

3. 教学方式的确定

本文尝试将不同形式的潮汕文化，如潮汕英歌舞、工夫茶、潮汕饮食、潮汕方言、潮绣等，作为每一单元教学的英语课堂活动展示，以培养学生对潮汕文化的英语输出能力。为了不影响其他教学任务的进行，每个单元教学计划中会有两节课前十分钟的英文展示，全班分成8个小组（每个小组6位同学），固定在每周一和每周三的英语课上进行展示，以积分的形式累计分数，其他小组打分，每个小组会有自评、小组互评、教师点评三种评价方式。教师希望以激励评价机制使学生有积极的情绪体验，助力课堂教学正面发展，给予学生机会和主动权，依靠学生的力量提高英语课堂的趣味性，实现高效教学。教师在每周五的英语课结束前，会将下单元展示的主题、语言、结构交代给学生，学生在周末时间可以建立小组微信群，通过手机或电脑，利用线上平台，找到优质资源，根据具体的任务，完成PPT制作。学生通过对PPT内容进行精彩的英语解说，锻炼自身的口头表达能力，在这个过程中教师也能把握学生的具体学情和学习效果。每次学生展示后会有讨论环节，在这个环节教师可以根据学生展示内容对全班同学或个别同学进行提问，加深学生对主题内容的思考。最后是教师的点评环节，以务实和精神鼓励相结合的方式，让更多学生看到和品尝到付出努力后回报的果实。准确的课堂评价不仅能及时提醒学生，也能有效地帮助学生纠正错误，同时增强学生的自信心，让学生体会到荣誉感和成就感，从而带动更多的同学积极参与教学活动，实现以评促发展的目的。在课堂展示过后，小组成员可以通过在班级微信群中分享展示成果、活动反思，或做成手抄报等形式在班级文化建设中展出，提高学生的合作意识和团体意识，增进学生之间的感情，助力学生形成积极向上的学习氛围。

4. 具体的学生展示过程

展示主题	潮州大吴泥塑
英语讲解（时长）	6分钟
互动讨论环节（时长）	3分钟
点评反馈环节（时长）	1分钟
具体操作过程	1.通过小组配合，英语讲解员借助PPT、实物等展示，让同学对潮州大吴泥塑的历史和艺术表现形式有简单的了解； 2.讲解结束后，会有提问环节，其他同学和教师可以根据讲解员所展示的内容进行提问，讲解员给予及时解答； 3.教师给展示小组成员和其他同学发放评价表，学生根据小组表现进行打分，并提出建议，教师做口头的点评，帮助学生对文化主题内容有更全面深刻的认识
课后成果展示	小组成员制作了一个潮汕英文Vlog，上传到微信、抖音等社交平台，通过网络平台，推广地方传统文化

5. 教学过程中的启发与思考

当前，语言教学与文化教学相结合的重要性已被当今广大中国英语教育工作者所认识和接受。在英语课堂教学中，应坚持以学生为主体的教学理念，发挥教师作为"脚手架"的作用，帮助学生形成输出框架，实现语言迁移，对输出成果进行及时的点评和总结，并提炼出有深度的内容，培养学生的思辨能力。同时，提高学生对地方优秀文化的认同感，从实际生活中形成对家乡文化的正确认识和积极情感，帮助学生进一步思考如何将区域优秀文化用英语传播开来，掌握向世界讲好家乡故事的能力。学生进行英语展示时，最主要的问题是大多数学生的语言表达并不准确，流畅度跟逻辑性都有所欠缺，整体表达的效果并不理想，这主要是因为学生接触类似任务的机会较少，如果多加操练，效果肯定会有所提升。不断的良性的循环才能促进语言、技能和素养的整体提升，学生在教师的引导下，一步一步，团体合作完成挑战，不断体会到成就感。总体上来讲，将潮汕文化融入高中英语课堂，通过多媒体、实物等展示，提高学生对本地文化学习的兴趣，进行话题讨论也提升了学生的互动热情，在这一过程中不仅帮助学生提升了对潮汕文化的理解，也提高了其英文运用能力，是对潮汕文化的创意设计和再现。借助英语课堂这个平台，让学生在增长知识的同时，提升了学生地域文化的认同感，推动了潮汕文化在校园的传播，提升了潮汕文化的影响力。但是由于时间和条件的限制，教师往往无法带领学生进行实地的考察和体验，假如有机会，带领学生真正走进生活，走进当地文化，这对学生在知识上和感受上肯定有着更好的帮助，对具体的教学实践也会有更大的指导意义。

三、结语

　　一切的语言教学都是为了更好地进行沟通教学，教师在实际的教学中要秉承以内容为驱动、文化为媒介、语言为载体的原则，提高学生文化沟通能力，促进学校教育发展，发挥地方文化育人的功能。文化对孩子的影响是潜移默化的，在相当重视对学生进行中华优秀传统文化教育的大时代背景下，越来越多的学者已经充分认识到以区域文化走进高中英语课堂，推动教育优质发展的重要作用。潮汕文化从来就是极具代表性的传统文化之一，在悠久的历史长河中丰富着传统文化的内涵，是文化建设中不可或缺的重要构成。独特的潮汕文化不仅是一种重要的教育教学资源，也是一种德育教育资源。俗话说"一方水土养一方人"，学生们祖祖辈辈生活在这片土地上，对这片土地和这方水土养育的一方人更容易了解和交流。通过小组学习的形式，学生将学习成果以英文介绍的形式在课堂上展示，在课堂学习中窥见潮汕文化的时代传承与创新拓展，不仅加深了对潮汕文化的认识，更增加了自身的文化自信，也增强了英语课堂的趣味性，让学生认识到英语是在我们身边的，是可以日常交流的，是有趣的。将地方文化资源融入英语课堂不仅能够改变英语教材文化主题相对单一的问题，体现了文化的多元性，丰富了课堂的整体教学内容，调动学生对本地文化输入与再输出的主动性，还让更多学生感受到潮汕文化的魅力，让优秀文化渗透学生的心灵，培养学生的审美情趣，激发他们爱国爱乡的热情，推动教育优质发展，加快教育现代化进程。

参考文献：

［1］楼胆群.为党育人为国育才努力办好人民满意的教育［EB/OL］.［2020-10-16］http：//theory.people.com.cn/GB/n1/2020/1016/c40531-31894069.html

［2］中华人民共和国教育部.普通高中英语课程标准［M］.北京：人民教

育出版社，2017.

［3］中华人民共和国教育部.教育部关于印发《完善中华优秀传统文化教育指导纲要的通知》［EB/OL］.［2014-03-28］http：//www. moe. gov. cn/srcsite/A13/s7061/201403/t20140328_166543. html

［4］陈晓东，适芦.潮汕文化精神［M］.广州：暨南大学出版社，2011.

［5］李敏蓉."文化·语言"双聚焦下潮汕文化英语微课堂实践研究［J］.黑龙江生态工程职业学院学报，2022（3）：156-160.

［6］姚丹凤.地方文化进入对外汉语课程的研究：以淮阳"泥泥狗"为例［D］.开封：河南大学，2018.

德高为师　身正为范

——浅谈师德对学生的影响

潮州市潮安区宝山中学　吴楚斌

"教师是人类灵魂的工程师"这就说明了我们教师的重要职责是塑造学生的灵魂。亚里士多德把教育与人的发展的需求视为思想性灵魂成长的需要，教育就是塑造和完善思想性灵魂的过程。因此，教师的个人道德修养之所以至关重要，是因为教师工作的特殊性。教师良好的道德修养将直接影响学生的心灵，潜移默化地塑造学生的灵魂，对学生的性格、爱好等有很强的感召力。它不仅影响一个人的学生时代，而且还会影响他的一生。

一、师者，传道受业解惑

韩愈在《师说》中谈道："师者，所以传道受业解惑也。"其中，传道摆在第一位。可见，从古至今，传道的要求一直很高。教师，不只是简单的教书匠，而且要教授学生为人处世的道理与主动学习、勇于质疑等可贵的品质。教师要在情感、态度、价值观上对学生进行激励、鼓舞，平时的要用自己的良好品质与精神气质去感化学生。

子曰："弟子入则孝，出则悌，谨而信，泛爱众，而亲仁。行有余力，则以学文。"这句话的意思是说："在家必须孝养父母，善事兄长，敬顺兄长，以顺亲心，行为谨慎，言而有信，博爱大众，而特别亲近那些有仁德的人。做到这些以后，才谈得上学习文化知识。"从这一点可以看出古人的教育特点，首先是做人的品德修养，其次才谈得上学习文化知识。德育第一，智育第二。

一个教师"应该知道德行和善良的心灵比任何学问或文字都重要，要把他的主要工作放在形成学生的心理，使它具有一种正当的心情上面……如果没有这一点，不能排除不良的与邪恶的习惯，那么，文字、科学以及教育上的其他一切成就都没有用处，就只能使得一个人变得更坏，更危险而已。"正因为如此，18世纪法国教育家卢梭指出："对一个教师来说，重要的问题不在于要他拿什么样的东西去教孩子，而是要他指导孩子怎样做人"。

要想做到指导学生怎样做人，教师首先应该做出表率，用自身的品质和做人的方式，为学生树立榜样，以用自己的身体力行去感染学生为主，辅以晓之以理，动之以情的言传去打动学生。

二、其身正，不令而行

子曰："其身正，不令而行；其身不正，虽令不从。"教师所处的地位决定了教师是学生学习的榜样，教师的言行不仅是教师自身的行为规范，而且是作用于学生的教育因素，它不仅影响在校学生，而且影响学生的一生。作为一名教师，如果只教学生读书写字而不引导学生感受和理解做人的道理，那就不能很好地培养有益于社会、人类的人。

德育也就是教学生做人，如何教学生做人，则不是光靠言传就可以完成的职责，身教才是德育的重点。教师本身的道德品质和做人的方法就是一种教育力量。因为对青少年学生来说，教师是他们学习的模范和行为的榜样，教师的道德品质、行为举止、为人处世，在教育过程中实际上是作为教育内容而存在的。教师高尚的道德品质，会对学生的思想品德、行为习惯产生潜移默化的影响。学生思想品德教育过程是一个受多种因素影响的复杂过程。如何消除社会影响中的不健康的、消极的因素，关键在于教师晓之以理、动之以情、导之以行，并在长期反复的教育中使他们持之以恒。也就是说，教师在教育中要用自己的知、情、意、行来感染学生，使学生形成健康的知、情、意、行，并能统一发展。而要达到这一目的，教师自身必须有高尚的道德品质。

教师具有高尚道德修养，能使学生产生崇敬心理，从而驱动学生接受美好事物的观念、思想道德教育的主动性和自觉意识。反之，则使学生产生逆反心理，导致学生产生接受思想改造、道德教育的心理障碍。孔子在谈到教师的行为对学生的影响时说："其身正，不令则行；其身不正，虽令不从。"说明了教师的行为是否符合道德规范——身正，对学生具有教育作用。

在现代教育中，孔子所揭示的教育规律仍然起作用。因此，教师在教育过程中，遵循教师的个人道德就可以树立教师高尚的人格形象，从而提高教师在学生中的威信。

三、亲其师，信其道

"亲其师，信其道；尊其师，奉其教；敬其师，效其行"，要想让学生听从老师的教导，就必须让学生愿意亲近、尊敬、信任自己的老师，良好的师生关系是德育的基础。学生渴望老师的爱就像禾苗需要阳光雨露一样，学生只有感受到老师真诚的爱，才乐于接受老师的教诲。只有老师对学生有爱，才能唤醒学生对老师的爱，才能使师生的爱双向流动，才可能形成良好的师生关系。教师应该热爱学生，明白"爱生"才是我们实施教育的基本。爱学生不仅是教师人品、学识、情感与亲和力的展现，实际上是倾注了教师对国家、对人类、对未来的热爱。这种爱不仅要求我们要一视同仁、以爱动其心、以严导其行，还要求我们要以理解、尊重、信任为基础。

良好的师德源于教师对学生的爱，是一种持久而深厚的教育爱。它不是基于亲缘关系，也不是出自个人的需求，而是来源于教师对事业的深刻理解和高度责任感，具体体现为教师对学生所持有的一种亲近感、期望感和为学生而献身的热忱。

教师端庄优雅的仪表、风度、气质来自教师的文化素养。塑造美好的形象，保持优雅的风度是我们提高自身感召力和亲和力的一个重要的因素。在教育中，教师要用自己的行为去感染学生，使师生之间产生心灵的共鸣，只要学生能感受到老师的形象就是他的榜样，教师形象的榜样作用才会在学生身上体现出来。师生要建立良性互动，才能构建具有巨大潜在效应的德育场。有学者认为，现代师生关系应是民主、平等、对话式的师生关系。师生双方各自向对方敞开和接纳彼此，是一种真正生命意义上的精神平等与沟通。"多层面性和需要的相辅性师生关系是在不同的相容层面上的结合。"教师对学生有"教的需要"，学生对教师有"学的需要"，师生因需要的相辅性而形成的多层面的相容包含了德育的重要因素，其形成过程也是德育的重要过程。

在学生心目中，教师是知识的化身，是智慧的灵泉，是道德的典范，是人格的楷模，是先进思想文化的传播者，是莘莘学子人生可靠的引路人。有人说："太阳底下最光辉的职业是教师。"教师队伍作为一个崇高的职业团体，它的道德水准高低将与民族的存亡、国家的命运息息相关。因此，教师应以德立教、以身示教，与时代同步，树立时代的榜样。

怀理解接纳之心，用肯定鼓励育人

潮州市潮安区宝山中学　陈卫鹏

很多人印象中师生之间的关系总是严肃的、分明的，学生要对教师绝对服从。作为一线教育工作者，多年的工作经历使我对于学生需要什么样的好老师以及我们怎样成为好老师有一定的理解。每一年和学生的相处，我对自己如何成为一名学生心目中的好老师，总会有新的感悟。我对师生关系的理解是亦师亦友。我自己选择的风格是严中带慈，平易近人，对学生的尊重就如学生对自己的尊重。

著名心理学家罗杰斯曾说："爱是深深的理解和接纳。"

教书育人，教授的是知识，培育的是心灵，只有有爱心的教师，才能培养出有作为的学生。处理学生的问题不是单纯地责怪和埋怨，有时候或许我们的理解和体谅，比长篇的指责和教育更能使学生接受，使他们愿意去正视自己存在的问题，然后去改变。老师的关心重视、尊重理解和唤醒帮助，是教师对学生最大的爱。

美国心理学家威廉·詹姆斯也说："人类本质中最殷切的需求是渴望被肯定；人的内心深处最殷切的期望，就是获得赞赏。"

近年来的教育教学过程中，我秉怀着尊重理解接纳之心，用肯定赞赏的态度对待、培育学生。我发现，这样做更容易打动孩子的心，既幸福了自己，也幸福了学生、家长。

在近十年的班主任和物理教学工作中，尊重学生，把学生放在平等的位置去相处、去交流，将学生当朋友而不是晚辈，对学生的小优点、小进步及时回馈，在班里或班群进行肯定表扬，从而满足学生最殷切的需求和期望——被肯定和赞赏，由此激发了学生的上学和学习兴趣，拉近了师生距离，学生也更乐意向我请教不懂的习题，大大改善了学习效果。2013届901班陈同学成绩中等，资质一般，课上讲过的物理题，他总是不能一下子就听懂。由于我经常在班里肯定他为人诚恳有礼貌，打扫卫生干净利落，并鼓励他有不懂的地方要主动请教老师和同学。在我的理解接纳、肯定和关怀下，陈同学乐学好问，成绩不断提高，上高中之后也经常跟我联系。现在，陈同学已经成为一名研究生，工作能力优秀。他说，是我给他的理解接纳、肯定和关怀乃至赞赏使他充满信心和动力，改变了他的人生轨迹。

教育是有差异性的，而不是整齐划一的。随着社会的发展，社会阶层的差距与融合不断地加剧。在小小的校园里，学生个体的差异性越来越大。一个班几十个学生，他们的家庭背景、经济条件、知识基础、性格特点各不相同。而在当前教育体制下，教材又是统一的。在这样的大环境下，如何做好教育工作，使每一个学生既能共同进步、成长，又不压抑其个性和特长，让学生在校园里都能获得平等、快乐的学习生活，成了学校和老师越来越迫切需要研究和解决的问题。教育要面向全体学生，给每一个人更多可能，给每一个人更美好的期待。

我秉怀着尊重理解、接纳之心，因材施教，立足于中层生的基础，进行拔尖扶差教育。对于学习成绩优良的学生，用肯定赞赏的态度对待，同时鼓励他们不要安于现状，要给自己树立一个正确的小目标，在实现目标的道路上要不断地对自己的小目标进行完善，从而实现不断进步。此外，还对这部分优良学生有针对性地添加学习的难度和任务，不让他们产生骄躁的情绪。而对于后进生，我帮助他们设立一个实际可行的目标，让他们能在每次达到这个目标的前提下不断地增强对自己的信心。其实在不断地接触下发现，后进生对学习并不是有真正的厌恶感，他们在每一次接触新科目、新老师的情况下都有想好好地通过自己的努力取得进步，但是由于基础较差，学习能力较弱，越来越没有信心，最后破罐子破摔，干脆就完全放弃学习了。

我认为，后进生也渴望被理解和接纳，期望被肯定和赞赏。所以，在教育教学过程中，我秉怀着理解接纳之心，放下师道尊严，变换角色，耐心等待慢一点的"那个孩子"，不断地发现他们的闪光点，通过主动或被动的方式让他们有表现的机会。在他们表现自己的过程中，我没有重视结论是否正确，而更重视对他们的鼓励，稳定他们的学习兴趣，建立他们的自信心。在课堂上，让不同层次的学生都能"各取所需"地学习，成为课堂的主人，大胆热情讲解，同学互动交流，教师不再占领课堂的制高点、主动权。

　　我发现，自己的理解接纳、鼓励和肯定，像一个磁场，在课堂上吸引着的都是异名磁极的学生们。每个学生"跳一跳都可以摘到桃子"，能够摘到桃子的学生们，会不喜欢让他们摘到桃子的老师吗？

　　我是一名班主任教师，也是一个爸爸、一个家庭中不可缺少的主力军。虽然任务繁重，但不管遇到多大的挫折，多焦虑的情况，都不把任何一个学生当成发泄情绪的对象。在与学生们的长期相处过程中，始终想着如果自己是这个做错事的学生，如果这个做错事的学生是我自己的孩子，那又会如何处理。就是这样的想法，让我在面对学生们时，少了一份埋怨，多了一份宽容；少了一份苛求，多了一份理解；少了一份指责，多了一份尊重。

　　认真做事只是把事情做完，用心做事才能把事情做好。教师是学生身心成长中重要的工作者，教育者需要付出真心、真情和真爱。践行育人使命，我会一直坚持淬炼师德师能，做一名秉怀尊重理解接纳之心，用肯定、鼓励和赞赏育人的老师。

如何带好七年级新生

潮州市潮安区宝山中学　林小漫

对于刚踏入初中的新生来说，七年级新学期是一个关键的时期，也是一个重要的转折期，既有面对新校园、新同学、新老师、新学科时充满的新鲜感，又有面对学习科目增加、学习任务逐渐加重时的茫然感。有些学生无法适应这种生活，导致各种问题的产生。作为班主任，如何引导学生适应新生生活，度过新生迷茫期，开启快乐健康的初中生活，我有以下几点看法。

第一，加强班级管理，规范新生的日常行为规范。

首先，让新生们学习新学校的规章管理制度。刚升入初中的学生们来自本镇的十几所小学，各个学校的管理存在差异，学生们对于学校的纪律管理制度不清楚。因此，班主任首先要做的事就是让新生学习学校的规章制度。在开学的第一节班会课上，班主任就明确提出让学生学习学校的规章管理制度，把学校印发的《潮安区宝山中学学生管理制度》分发给学生，让他们利用课后时间去学习，并于两周后组织一场背诵比赛。背诵比赛上学生们热情高涨，流利的背诵声赢得阵阵掌声。通过这次比赛，学生们认真学习了学校的规则管理制度，明白了身为一名初一新生，在学校哪些该做，哪些不该做，这些就是学生们良好行为的向导。不会出现个别学生做了违纪行为后还不知道违反了学校纪律。

其次，严格监督学生们的日常行为。利用班级管理量化制度，每月统计学生综合得分，把主动权和决定权交给学生。班干部们发挥带领和监督作用，每天对班级里学生的表现奖励分数或者扣分。并于隔天早读课把统计情况上交班主任。班主任在晨会上公布和核实统计情况并及时对学生进行表扬和批评。通过这样的每日班级量化管理，班主任能更及时地去管理和规范学生的行为，并让学生形成良好的行为习惯，为其适应初中生活打下坚实的基础。

第二，激发学生的学习兴趣，引导新生养成良好的学习习惯。

刚步入初一，学生们的学习科目在小学的语数英三科的基础上，增加了政治、历史、地理、生物、信息技术五个科目。新的科目，让学生们感到既新鲜又陌生，有些同学对如何学习新科目束手无策，甚至产生畏惧感。这个时候，他们最需要老师的正确引导与鼓励。

首先，我们要先了解学生新科目的学习情况。开学第一周每天的课间操时间，我都会去到教室跟学生们聊天，询问他们最近的学习情况，并把学生反映的学习上遇到的问题记在本子上，事后及时对学生们进行指导。记得那个时候的数学学霸陈晓滨同学，跟我反映说第一周的历史课上完课后第二天知识就忘光了。针对这个问题，我请教了历史老师，并把历史老师给出的学习建议整理成一份笔记，并于隔天拿了晓滨同学，让他去认真理解，有不懂的再来问。第二周，我又找了一个时间跟晓滨聊天，问问他最近历史的学习情况。他很开心，因为课堂的重点知识他都记下了，不会忘了，而且越学越轻松，对历史也越来越有兴趣了。

其次，班主任要引导新生制定科学的学习计划。新科目的增加，也意味着学生每日的作业量与之增加。班主任要在学期初，提醒学生制订每日学习计划，安排好各科预习、复习，还有做作业的时间。开学第一周，我就让学生每人制订一份学习计划后上交。认真审阅后，我发现有一些学生写得非常具体合理，但也有些学生的学习计划不够具体，甚至有些学生不知道如何安排学习时间。我把这几份好的学习计划作为模板，让其他同学参考，并让他们根据自己的实际情况做出修改。这样，学生有完善的学习计划就犹如有航标灯的船只，能巡航而行。

最后，班主任要引导学生养成按时完成作业的习惯。我们可以从奖励和惩罚两方面来进行。班主任要充分发挥班干部们的管理作用，让他们来监督管理同学们完成作业的情况。每日按时完成各科作业的同学每天就能得到一颗小星星，并奖励10分。相反，每日没有按时完成作业的同学每科扣5分。学习委员负责统计分数，每周得分最高者可以得到一张奖状和一份学习用品，每周得分最低者要写检查报告并联系家长告知学习情况。学期末以得到星星的数目来兑换奖品。有班干部的监督，几乎所有同学都能按时完成作业，短短几周，就让他们养成了按时完成作业的好习惯。作业的完成是对当天所学知识的巩固，也为他们新学科的学习打好了基础。

第三，班主任要及时了解和关心新生们的心理健康情况，并及时帮助他们疏导心理问题。

七年级的新生们都是十四五岁的青少年，正处于青春发育期，班主任老师要让学生了解相关的一些知识。比如，女生们遇到生理期应该注意什么，怎么正确处理青春期对于异性的好感……针对这些，我收集了一些资料，并整理成课件，给他们上相关的班会课，让学生更好地了解自己的青春期，减少学生在青春期因身体与情感等方面变化而产生的烦恼。

刚踏上初中生活，其实还有很多人一时没办法适应初中生活，所以我在班里设立了留言箱，让他们把他们所遇到的问题写成留言条交给我。每天放学后我都会拿着钥匙去开箱子，然后把当天他们的留言细看一遍，并安排时间写成私信交到相关同学的手里。遇到一些比较棘手的问题，我就去请教我们学校的心理健康咨询的江老师。

张鸥校长深谋远虑，学校自2008年就设立了心理健康咨询室，配备了专业的心理老师，为我校师生提供心理健康咨询，解决了广大师生的心理健康问题。有一次，我看到留言条上有一位同学焦虑过度，影响睡眠，心理压力比较大，赶紧联系江老师还有孩子的家长。在征得家长和孩子同意的情况下，江老师给他做了心理咨询。几次咨询过后，慢慢地，他已经变得乐观开朗起来，睡眠问题也解决了。这说明老师及时了解学生存在的心理问题，及时对学生进行心理疏导，是帮助学生走出困境、重获快乐生活的有效途径。

作为七年级的班主任，我们需要细心、耐心地去引导他们，使他们逐步适应初中的生活，并养成良好的行为习惯和学习习惯，使他们开启快乐健康的初中旅程。

谈德育教育在中学体育教学中的渗透

潮州市潮安区宝山中学　郑立歆

立德树人是新时期教育工作中需要重点关注的问题，唯有立德方可树人。中学教师应当将立德放到各项教学工作的首位，与时代发展相适应，积极展开德育教学工作，促进学生良好品德的发展。体育教学也应当做好德育教育的渗透工作，为学生良好品德的发展与培养创造条件。

一、中学体育教学中德育教育渗透的原则

在体育教学中实现德育渗透，必须注意下列原则。

（一）主体性原则

在中学的体育教学活动中，为加强德育渗透作用，教师应当注重学生的主体性，并充分调动学生在教学中的积极性，以确保每个学生都能主动地投入教育活动当中，从一定层面上实现将外在教育转化为内部教育，并不断提高学生的综合素养，从而促进在体育教学中的德育渗透。

（二）整体性原则

体育教师在授课过程中必须具有整体性的思想，要以学生为课堂的主导，通过学生的行为对教学和课堂的效果做出相应的调整。另外，教师在课堂的设计上一定要具有全面性，每个课堂设置的细节一定要具有连贯性，仔细观察和记录孩子认知与接受的方式，从而全面地把德育内容融入中学体育课堂。

（三）系统性原则

在开展体育课堂教学中，对德育的贯穿须有一定的规范性与目的性，同时应使其贯穿于整个体育课堂教学中。教师必须把德育学习融入每一个环节，并

把各个环节加以有机地结合，使学生全面体验德育的熏陶。

（四）差异性原则

考虑到每位学生的家庭出身有所不同，以及学习条件也有所不同，从而在一定程度上导致学生接受学习的能力与培养的水平会有所不同，对思维方式的认识上也会产生相应的差别，所以我们在教学的开展中就必须要做到因材施教，在认识到学生的思维差异以后，体育教师就要着力于关注学生的个性化成长，并以此提高教学的有效性，促进教学水平的提升。

二、中学体育教学中德育教育渗透的必要性

（一）提高学生竞争意识

体育运动是有较强竞技性的运动，竞技就有输赢，所以体育运动竞技就是一把双刃剑，对学生的训练也体现出了双向性。教师应注意在教学活动中对学生的胜负概念进行教育，以便有效地训练学生对抗失败的意识，引导学生正确认识成功与失败。学生形成优秀的体质和心理素质，胜不骄，败不馁，才能在体育竞赛中持续地锻炼自身，形成自强不息的竞技精神。

（二）提高学生人际交往能力

体育教学可以增强学生的人际交往意识，从而提高学生的道德能力和情商。首先，体育教学属于团体活动，是以班集体为单元开展的，学生在体育教学学习时必须遵守班集体的制度和规定。其次，部分体育又属于团体项目，如篮球、足球、排球等，学生在开展这些项目时需要进行经常性的互动与交流。这样的沟通交流，不但可以增强学生的协调意识，也可以提高学生的人际交往能力，让协作和竞赛相互依存。再次，体育教学的进行，还需要教师之间进行良好的交流，如此可以提高学生参加体育课外活动的兴趣。

（三）培养学生良好品质

中学体育的活动多以集体为单位开展，如各年级运动会，班集体间的体育运动比赛，在此基础上，中学生所参加的体育运动一般都以团体为中心，并在与团体合作的集体意志驱使下，为团体的荣誉而贡献自身的努力。因此，每次上体育课学生都会情不自禁地为班集体参赛队伍呐喊助威，在班集体获得优异成绩之后欢喜雀跃。而将这种奉献意识和集体意志往大的方面扩展，就是爱国主义精神。教师在平时教学中还可以播放一些国际赛场的比赛录像，特别是著

名的国际比赛，如雅典奥运会上刘翔夺冠、巴西奥运会上中国女排夺冠等，让学生体会运动员在国际赛场上的顽强拼搏、克服困难的坚强意志，使学生与赛场上运动员的共情，弘扬爱国奉献精神，培养学生的爱国主义情操。

三、中学体育教学中德育教育渗透面临的困境

（一）在中考体育加试影响下具备强功利性

考虑到中考将体育成绩纳入总分，因此，社会以及家庭等都特别关注学生的成绩问题，整体的功利性相对显著。学生们并不关注日常体育学习，而是将全部的重点放到文化课方面，在体育考试前才针对性地展开训练。各个学校的体育教师，因为体育加试的作用，在日常体育教学环节，更多将中考标准设定为安排训练以及学习的参考，并未积极做好德育工作。事实上，国家要求中考体育加试的初衷就是让青少年拥有强健的体魄，家长、学生以及老师们都应当正确理解与认识政策要求，积极配合体育教师展开良好的体育教学。

（二）体育教师缺乏明确的德育意识

在日常体育教学工作中，体育教师是德育教育顺利渗透的关键所在，其对待德育方面的意识水平往往决定着最终的德育成效。在中学阶段的学习中，体育往往被视作副科，并没有得到足够的重视，使得体育教师对待教学工作一些时候也是敷衍了事，德育教育的渗透更是无从谈起。体育教师自身缺乏良好的德育渗透意识，使得日常体育教学工作中德育渗透表现出机械性、乏味性等特点，整体的德育教学成效普遍较差。

（三）难以做好德育渗透工作量化

文化学习是按照成绩来对教师进行评估，学生对学校上课老师的衡量标准可以是学校平均分、名次等，而体育课实现的德育渗透往往难以进行量化评估。日常教学期间，教师针对学生展开的各项评价虽然都能够用数字简单的说明，但是对学生德育教育的掌握情况却较难了解。另外，学校对教师在教学中的渗透工作并没有标准化的指标，虽然可以在教师的教学课件上反映，但对体育教师的德育渗透工作却无法很好地加以衡量。而由于德育渗透工作缺乏必要的科学量化指标，整体的德育渗透工作成效低微。

四、中学体育教学中德育渗透的策略分析

（一）正确对待体育中考

虽然中考分数对于中学生而言极为重要，但是家长以及学校也不应当只将关注点放到获得较高的中考体育成绩上面，更应当重视学生强健体魄的形成以及良好品德的发展，让学生能够在相对轻松愉悦的状态下参与到体育教学环节中，激发学生的体育学习兴趣，提高学生自主进行体育锻炼的热情与能力。学校以及社会等不仅要重视学生运动科目成绩的提升，而且应当重视引导学生养成健康的品格，让他们用更加昂扬的姿态投身运动、学习以及生活中。

（二）激发绩效考核功效

绩效考核始终都是各项工作成效得以提高的重要促进力量。若是学校关注德育渗透在具体体育教学期间的表现情况，则可考虑对德育指标加以衡量，将其合理反映到中学体育教学评价环节，为其确定科学的比重范围。如此，体育教师就能够正视德育教育的渗透教学工作，积极展开各项渗透教学，促进学生良好思想品德的培养与发展。

（三）完善德育量化指标

体育教师在教学中，除对学生的体育知识等基本内容的考核以外，更应该做好对其德育知识的考核，特别对那些在教学中表现出优秀道德品质的学生，教师需要适时地鼓励以及肯定，以提高学生幸福感。而学校方面针对体育教师展开的工作考核，不仅应通过单纯的高级中等学校招生测试体育成绩的好坏，还可以着重于教师的德育、谈吐举止等，力求教师能够为学生树立良好的榜样。同时，可通过一种更加信息化的方式，强化学校对体育教师日常教学监控，从而促使体育教师提升每日教学工作的道德水平。

五、结语

综上所述，在中学体育教学环节存在着众多德育相关的要素，对此体育教师应当充分发挥各项德育要素的促进影响作用，积极做好德育教育在日常体育教学环节中的渗透工作，持续创新教学模式，进而助力学生良好道德品质的培养与发展。

参考文献：

［1］刘富文. 渗透教育探索：在专业教学中德育渗透的理论与实践［M］.
南京：南京大学出版社，2011.

［2］高世超. 简论德育在高中体育教学中的渗透策略［J］.青少年体育，
2022（3）：38-39，28.

［3］宋叔敬. 初中体育教学中渗透德育教育的途径探究［J］.当代体育，
2021（20）：1.

［4］林剑花. 初中体育教学中德育教育渗透的优化策略［J］.当代体育，
2021（2）：96.

新时代如何做好班主任德育工作

潮州市潮安区宝山中学　陈建珊

　　2011年8月，我离开了大学校园，成了一名光荣的人民教师，并且开始担任班主任职务。在担任班主任工作的这十几年里，经历了许多事情，那滋味可真是酸甜苦辣，百感交集。但我深刻体会到：世界上的爱各种各样，而班主任对学生的爱是一种复杂而高尚的精神境界。教育心理学家认为，这种爱是由班主任老师的理智感、美感和道德感凝聚而成的一种高尚的教育情操。想当好一名班主任，必须深入细致地了解学生，真心实意地关心学生，充分尊重、信任学生，严格地要求学生。

　　班主任对学生的爱是不同于父母对子女的天然之爱，它蕴含更多的内容。班主任的爱不仅是个人之间的一种态度、一种积极的肯定情感，它还是一种评价。班主任对学生的态度常常反映学生所在的集体，甚至是社会对他的某种评价。因此，学生往往把班主任对自己的关怀、爱护、信任等与班主任对自己的评价联系在一起，同自己在集体中的地位和人格价值联系在一起。班主任的一句话有时能改变一个学生的一生。班主任的情感实际上在每个学生心目中具有不同寻常的心理分量。在平时与家长交流中，经常会有家长反映这种情况：老师，我们家长说的话，孩子都不听，你们的话，孩子会听。由此可见，班主任对学生的爱对教育好学生是多么重要啊！所以，想要当好一位班主任，首先应该树立自己良好的形象。

　　爱学生是教育学生的起点和基础。教育不能没有爱，就像池塘不能没有水一样，没有爱就没有教育。苏联教育学家苏霍姆林斯基则把教师热爱学生作为"教育的奥秘"，他的座右铭就是"把整个心灵献给孩子们。"大手拉小手，以诚相待，富有爱心的言行能升华学生对班主任的钦佩与信任，只有让学生真正地发自内心地钦佩与信任，这种钦佩与信任才会长久。所谓的"身教重于言传"。教师自身良好的师德素养将会潜移默化地影响、陶冶学生的心灵，起到润物细无声的作用。在实际中，我们经常也能感受到，如果一位班主任讲究细节，那么他班的学生肯定也会讲究细节。

在学习上，班主任要使用具有信任性、期望性的语言来激发学生的奋进精神；用具有谅解性、宽容性、引导性的语言来启发学生认识错误、树立其进步的信心。多用赞许的点头，希望的目光，会心的微笑对待学生，这样可以使学生心情愉快，使学生感受到班主任的爱，从而使其受到激励和鼓舞，全身心投入学习中。

在平时的交往中，班主任要从尊重学生出发，与学生以心交心，平等交往，用充满理性的关爱正确对待每一位学生。不仅要去关爱那些成绩、品行等各方面表现好的学生，尤其重要的是，要学会去关爱那些有着这样或那样缺点或问题的学生，要努力让自己去关爱、喜欢这些学生。关爱好的学生、优秀的学生，这是每个教师人人都会自觉或不自觉地去做的事，而要让自己真心去关爱那些缺少爱的学生，这是有一定的难度的，这些学生之所以缺少老师的关爱自然是有原因的。正是基于这个方面的原因，我们班主任更要努力去找他们身上的优点，找他们身上的长处。

班主任的爱心，就是热爱学生的心。就是要以强烈的爱之心去吸引学生，让学生喜欢和你在一起，把你当成朋友，这样有助于教学工作的开展。作为一名班主任老师，如果班里有那么一群学生能够深深地被你的才华、言行及人格所吸引，那么他们就会追随你左右，对你投以敬佩与信任的目光。

一个优秀的班主任之所以优秀，只因为他能够做到：即使他是在批评一个学生，指出他所犯的错误及身上存在的缺点并要求改正的时候，也能让受批评的学生感受到老师是在关爱他，老师所做的一切都是在为他着想，是为他好，也能让他感受到老师对他的殷切期望。班主任应该讲究爱的艺术及爱的方式与方法。不妨给你的学生打这样一个比方：有一朵花生了虫子或旁逸斜出，这时园丁所要做的工作自然是给它喷杀虫剂或者是剪修掉那些多余的枝条，而老师今天所做的一切，自然也跟园丁所做的一样，你绝不能因为怕痛而拒绝老师给你"修剪""整理"。

当然，不排除有些学生很难受教。当他们犯错时，当你指出他的缺点时，刚开始，他们会爱理不理的，甚至还无视你的说教，显得很无所谓。这时，作为班主任应该要有爱心、耐心，才能跟他们打持久战，慢慢软化他们，尽量做到既不伤害他们的自尊心，又达到教育的目的。在指出他们的不足时，不要过于直率，尤其是在批评他们的时候，不要太过严肃而让他接受不了。同时，还应该善于寻找和发现他们的闪光点，鼓励其进步。这样，才能更容易感化学生。

例如，我曾遇到过一个非常典型的学生。几乎每一个到班里上课的老师第一节课就会认识他。由于他坐在墙边，所以他上课总喜欢靠着墙壁，跟周围的同学讲话，影响周围的同学听课，或是总喜欢跟老师唱反调。总之，他是一个非常好动的孩子，一节课下来，都无法安静五分钟。所以，每一个到班里上课的老师，对他都很头痛。我也多次找他谈话，他每次总保证他会遵守纪律，可是到课堂上，他又无法自控，忘记他的保证。经过多次教育，多次的谈话，发现其实他并不是一个非常坏的孩子，只是比较好动，自制能力非常差，而且思想不成熟。

于是，在级长和年级主任的帮助下，我们决定让他每天都到办公室来报到，然后汇报他这一整天都学习了哪些内容。在这样的措施下，他上课能比较认真地听讲、做笔记，也减少了说话的时间。虽然有时他还是难以自制，但相对之前来说，他已经进步很多了。而且，每一次月考或是期中考，我们都会让他为自己定一个目标，并且和他签订协定。在这样的方式鼓励之下，他的成绩也在慢慢地提高，虽然他的成绩还不是很好，但是相对于他的入学成绩来说已经进步了很多。到学期末，他也由全年级的五百多名升到了四百多名。

所以，作为班主任不能放弃班里任何一位学生，我们应该尽我们所能去帮助他们找到学习的目标，引导他去学会学习，学会自我约束。特别是对待调皮捣蛋的学生，我们更应该耐心去了解他们，开导他们，根据他们自身的特点进行教育，引导他们往正确的方向发展。我也深刻地理解到了"老师是学生的指引灯"这句话的含义。特别是班主任，更有责任去引导班里的每一个学生往正确的方向发展。

心理学家认为，"爱是教育好学生的前提"。对于后进生，班主任应该放下架子，亲近他们，敞开心扉，以关爱之心触动他们的心弦。"动之以情，晓之以理"，用爱去温暖他们，用情去感化他们，用理去说服他们，从而促使他们主动地认识到自身的错误并改正。

每一个学困生的实际情况都是不一样的，作为班主任，我们应该深入了解弄清楚学生的行为、习惯、爱好及其产生困难的原因，从而确定行之有效的对策，因材施教，正确引导。

常言道，"无规矩难以成方圆"。班主任作为班级工作管理者首先应从建立健全班级各项规章制度入手，强化常规管理。而抓班级常规管理，就当从一个"严"字入手。

作为班主任，第一节班会课，我通常先宣布自己的治班方针，颁布校规校纪，班规班纪，并要求每位学生严格遵守各项规章制度。记得有一学期，在开学的第一周的卫生值日中，有几位偷懒的男生放学后不打扫卫生。隔天，我就找这几位值日生谈话，并让他们写检讨，对他们当月"德育量化考核成绩"作出从严扣分，对其他的同学起到了警示作用。

作为一个班级的领导者，班主任还要善于培养一支有能力、优秀的班干部队伍。班干部是班主任的得力助手，因而要善于挖掘具有组织协调能力、热心为班级服务、集体荣誉心强和有吃苦耐劳精神的学生。在岗位设置上，要明确班干部职责与分工，各司其职，各尽其责，引导建立团结协作的班级工作氛围。在班级活动开展上，班主任既要大胆放手让班干部开展活动，充分发挥他们的主观能动性，还要在平时对其加强指导，不断提升班干部的思想觉悟和工作水平，这样才能真正建设好一支团结协作的班干部队伍，他们的班级管理工作做起来才会得心应手。

总之，在具体的班级管理工作中，班主任既要有爱心，也要讲究方法与实效，潜心研究学生的个性特征，把工作落到实处。只要把"一切为了学生"作为班主任工作的出发点和落脚点，就一定能够创造出和谐的班集体，培养出优秀的学生。

杜威"共同体"思想与班级共同体的构建研究

潮州市潮安区宝山中学　陈艺莎

　　杜威的《民主主义与教育》这一部在一个世纪前出版的教育巨作,至今仍然被教育界奉为圭臬,而且该书不论是在教育领域或哲学领域,还是在社会、政治、文化和道德等相关领域都堪称经典之作。但是我不可能也全无能力全面阐述全书所包含的深远而宏大的思想资源,故而只能借用杜威在此书中一以贯之的概念"共同体"(community)为本论文切入点,试图研究杜威的"共同体"概念及其在教育实践中与"班级共同体"的建构关系。

一、杜威"共同体"思想的教育解读

1. 杜威"共同体"思想在书中的提出

　　杜威在《民主主义与教育》书中并没系统性地对"共同体"的概念加以概括或者统一解释,但全书从头到尾,尤为强调"种族""社会群体""群体生活""共同生活""民主主义社会生活"等诸如此类的整体概念,他在开篇便指出"假如一场瘟疫突然夺去社会全体成员的生活,这个群体必然永远消失。尽管现实显示,群体里的成员因为年龄差,群体组织能得以延续,但如果不投注心力并真正、彻底地传承,再文明的社会也将回归原始和野蛮的状态。他非常通透地意识到为了保证群体中人们"都认识到共同的目的,大家关心这个目的,并且考虑这个目的,调节他们的特殊活动,那么他们就形成了一个共同体"。很显然,杜威是从社会发展谈"共同体",强调了各种社会角色之间与集体存在的价值和关系，他把作为个人的人们与所在的社会的关系定义为联合的、相互联系、同感的；不是单一叠加，而是有机联系的一个完整的整体。

2. 从"民主共同体"走向"学习共同体"

回到杜威所处的急剧变迁的时代背景，不难发现《民主主义与教育》一书体现他当时正在致力探索一个全新民主社会的理想蓝图。而且他在书中的自序就提到公共教育的建设性目的和方法有利于早期社会的发展，并将在他定义的民主主义社会里起到促进或阻碍的作用，他也对这些教育理论做出了种种利弊评价与分析，从本书的书名就可看出杜威清晰把握住了民主主义社会的构建与教育实践的关系的思考。换言之，民主主义社会的构建是整个杜威思想的核心，而良好的公共教育（学校教育）则是实现民主主义社会的基础。回到当代视角，杜威的这一"共同体"思想无疑又极度迎合了国内正在盛行的"终身学习""学习型社会""教育信息化"等理念旋风。结合对现代教育的反思和对创新教育理念的开拓，"民主共同体"这一概念老装换新衣成功升级为"学习共同体"，并作为一种新生代教育理念在引领当代教育改革，推进新课程创新等方面发挥着重要的理论影响和实践价值。

3. 从"学习共同体"走向"班级共同体"

杜威强调正规教育的地位的重要性，他表示如果没有正规教育，学生是很难在自学或者各自为战的情况下习得经验，也无从谈起在社会生活中实现生长。换言之，学校即社会，学校教育是社会生活的雏形，学生要成为社会一员，必须先经过学校教育的培养和塑造。而要最大程度保证学生个体在学校级的"学习共同体"的内部都能充分实现个体经验的重组和改造，就有必要再对教育载体的形式实行更精准的分圈层培养，于是便出现以班级为单位的，作为发扬学校教育功能的直接载体"班级共同体"。

二、班级走向"共同体"的教育特征

一个真正的"班级共同体"不仅是在理论层面发挥讨论价值，而更应在理论与实践互相作用中去不断丰富和扩大教育影响，明晰"班级共同体"突出的教育特征理论才能更好地进行教育实践。构建"学习共同体"要立足于是否实现学生个体自我构建、是否实现学生内部共同交流与协作、是否实现师生主体间共商对话这三个特征。

1. 学生实现自我建构

所谓的学生能在班级中实现自我建构，指的是班级内部能尊重每一位学生个体的差异性和多样性，并且能提供一定空间让每个学生进行经验的重组和改造，这就是一个真正"班级共同体"的重要基础和前提。杜威相信，在一个进步的"共同体"里，"个别差异将视为珍宝，因为学生只有在个别差异中才能找到自己生长的手段"，每一个班级共同体中的成员出身的家庭背景、文化差异、成长环境都不尽相同。因此，一个良好的"班级共同体"要能充分包容、尊重个性，保持个体延展性。

2. 学生间实现共同理解、共同参与的交往实践

上面谈到，一个良好"班级共同体"能提供一个尊重学习者自我构建自我实现的空间是一个基础条件，这固然很重要，而正是因为每个个体经验完全不同，对信息和材料的加工和组合方式存在巨大差异，所在班级内部的成员通过在各种班级活动中能够使得自身经验和观念得到交换、得到评论，对的思想会被班级内部强化并进行弘扬，而错误观念能被及时纠正并得到新的思维方式。从这种程度上来看，是学生能主动从已有经验和外在环境发生关系，由学生个体获得的自我更新到实现整个班级成员带动下完成班级的整体升级。因此，"班级共同体"中各个成员之间能否进行共同理解、共同参与并完成学习交流，成为"班级共同体"第二个必不可少的典型特征。

3. 师生间实现共商共建共享

"共商共建共享"这一特征的含义有二。其一，师生主体间关系的平等性，这是使得良好的师生关系在班级共同生活中能有效展开的前提。杜威提出每个人都能平等参与共同体生活，分享经验和共同行动。平等的基础，才是学习者个体能够积极发挥才能、有效参与班级共同活动的重要保障。其二，彰显的是当代师生关系的合作性。合作能力是如今教育核心素养的高阶要求，合作的过程就是实现协商共识的过程。一个成熟的"班级共同体"能发挥得最深远的教育价值就是需要让学生明白事务的多样性，同时在班级内部中教会他们学会求同存异，与成人、长者相互依存。

三、构建"班级共同体"的教育实践

教育无目的，教育过程本身就具有教育作用，构建"班级共同体"是为了

让学生能更切身体会到学习的成就感，而去乐学、善学，进而推动整个"班级共同体"成员实现共同进步和成长。那么，如何借用杜威思想建构一个正常而积极的"班级共同体"？我结合高中班主任的教学实践体会，确认杜威思想在实际教学管理中的巨大教育启示。

（一）沟通与感受力

1. 班级共同体构建的首要条件必须是沟通

杜威明确指出"社会要继续发展，必须通过不断教导、学习以及传承，才能实现""沟通是促使他们共同占有这些东西的方法"。但他同时注意到，如果像搬砖块，一个人把砖块传递给另外一个，或者像切蛋糕一样每人分到一小块，这些简单的物理动作上的传递只能实现一个虚假的"班级共同体"；真正意义上的"班级共同体"必须共享相同的目的、信仰，共同参与到班级活动中，为实现共同利益而做出一致的团结向内或者对外的联合行动，最终所有成员可共同享受成果、期望。

2. 有效的沟通还必须依赖于良好的感受力

沟通是为了更好地感受，感受能促成更深入的沟通。因此，在班级活动中共同体的成员被要求需要对这些共同目的和行为产生一致的理解力，这种预期中的能力我将其定义为感受力。在共同体中，尽管充满联合主张，而成员却缺乏对主张本身的理解和期待时，根据杜威的观点，他们之间的共同生活仍然归为机械化联合，因为他们只是片面地为了获取结果而做出的行为，并不关心周围的人们的情绪或者理智的倾向性，把人和情感割裂，把人看成是实现利益的工具。

案例一：新接手一个高一年级的新生班级，在开学之初的第一个学月内，班主任带头制订出班级公约，颁布各种班级规范细则，要求学生要遵守各项规章制度，包括学生的仪容仪表（校服、校章、发型、拖鞋问题等）、文明礼仪（遇到老师同学要点头微笑问好、教室卫生、垃圾处理问题等）。每个学生在班主任的要求下，像一部机器的各个零部件，为同一个任务的结果，看似都竭尽全力地奔赴结果，无比配合班主任实现了班级最初级的运转，但此时的班级并不足以构成一个"班级共同体"。

案例二：在第二个学月的夜修纪律管理中，通过教师监控端口可以发现，每天晚上夜修时间总有那么一两个学生喜欢交头接耳，从而被年级值日生扣分。这时候班主任除了对这些学生加以教育批评之外，更需要借题发挥，扩散和强化其教育影响。班主任可以在课堂上公开对这些学生的具体"惩戒"方式（比如班会课上台演讲学习心得）。这种做法的好处有二，一是把学生的分享欲置换在一个更适宜的空间和事件上，"坏学生"就能变成"好学生"；二是通过班主任直接与全班对话，让每个学生意识到要对自己的行为后果负责，而且让其明白自己的行为对整个班级有影响。并且这时候班主任要升华教育意义，直接表达出自身感受：班主任希望每一个个体的行为能带动整个班级向更好的方向前进，或不好，整个班级共同体也有能力包容和转化这一行为产生的负能量。初心都是希望班级共同体能共同进步，共同体成员能学有所成。

班主任必须随时抓住沟通的机会，永远相信语言的力量，随时做好准备，不断通过与班级的对话，以各种表达形式，重复表达自身班级管理的核心观点。简言之，班主任要善于赋予公共本身实际意义。约束不是目的，约束是为了更好地沟通和感受，进而在不断磨合中产生共同的理解，这种共同的感受力直接推动"班级共同体"的形成。于是，在诸如此类的沟通中，"班级共同体"成员开始能自发控制自己的行为，甚至还能自然地、善意地提醒其他成员共同维持同一个信念。

（二）环境与形式感

1. 班级环境的教育指导作用

杜威一针见血地指明："成人有意识地控制未成熟者所受教育的唯一方法，是控制他们的环境。"单从班级环境来看，这是一个学生个体每天日常最紧密关联的，并能"根据影响其成员的理智的和道德的倾向而塑造的环境典型"。学校或者社会等越庞大、越复杂的共同体，它们所要传递的东西就越复杂，这时候学生个体不能通过共同生活来获得这些复杂的经验，而作为学校单位个体的"班级共同体"就是直接承担起联合学生与遥远且复杂的经验的桥梁。

2. 形式感的良好运用能突出班级环境指导作用

不管是社会、家庭、学校还是班级，一切经验总会在某种特定场所发生传递，并通过某种"角色"扮演，而并不是漫无目的，是依赖某种空间或者时间上的及时性和连续性。杜威相信就算是一块石头、一个橘子、一把椅子，它们所传递的印象集合（包括形状、颜色、大小、嗅觉等）都是有特定意义的。营造某种形式感并不是为了营造某些特定形式，而在于创造特定情境中所需要的氛围感。在"班级共同体"中，按杜威所说的班级环境只负责提供刺激以唤起学生个体的反应，而学习者最终的心理倾向为一种长期有效的由各种事务所组合而成的形式所潜移默化，我将这种班级环境对心智上产生的刺激功能，总结为班级形式感的良好运用。

案例三：接下来介绍一下我所在班级的自主管理形式。每天7点35分是班级早读时间，学生已全部进入教室。首先，由语文课代表或者英语课代表走上讲台开始组织学生进行早读。其次，全班的早读形式必须是站立式朗读课文。再次，值日生班长开始检查每个学生是否站立、双手拿起书本。学生此时已有序开始早读，学习委员继续在班里巡视，提醒个别同学要大声朗读出来。这里课代表、值日班班长、学习委员等在早读巡视的同学不再以自己名字呈现，而是以各种班干部身份的形式出现，可以点名批评某位学生，在一定程度上代理班主任的角色，于是早读时学生之间的平等的学生身份就出现落差，教师对班干部的赋权就体现出班级共同体的自主管理形式。管是为了不管，赋权不是为了强权，是制造一种秩序感，为了培养人人自觉维护班级秩序的权利和义务的意识。

案例四：课堂上的"群体回应"是一种很容易被忽略又很有效的形式感。我所带的班级成员比较安静和被动，每个科任老师下课都或多或少会向班主任反馈学生上课时不积极回应。引得我不由得对这个问题进行思考。比如，物理课上，学生的反应是最安静的，当物理老师对"加速度"这个概念进行提问，让学生用自己的语言组织和表达理解，回应的声音寥寥无几，老师只得逐个点名学生提问，但站起来的学生更加势单力薄，紧张得无法思考。于是物理老师失望地将当堂课改为自习课。我发现这个现象后，在一次班会课上教学生一个小方法：当老师们上课在向学生寻求答案的时候，不管老师是直接提问，还是简单地用"是不是""对不对""明不明白"，学生们都要用"嗯嗯嗯"这种口头反应来与科任老师们互动。先让班级声音"活"起来，学生才能真正"跃"入余下的课堂。

不管是班级自主管理形式中的全班站立式早读，还是班级群体性对科任老师的统一回应形式，它们的最终目的并不仅仅停留在学生读懂了多少篇课文、多么了解秩序，群体的回应也不需要学生给出具体答案，二者的共同点都在于创设一种特定刺激的环境，使得学生在心智上做好准备，从而调动班级的整体气氛。当越来越多学生参与其中，班级班风学风就越浓厚，本来游离班级情境之外的学生被群体氛围吸引回到班级课堂学习之中，并通过行为和语言形成对事件的教育意义的认知，这种班级群体间的情感流动、感染力，就会慢慢带动"班级共同体"的形成。

3. 兴趣和参与感

值得注意的是，一个"班级共同体"构建除了沟通的重要性和环境的指导作用外，要让"班级共同体"朝向更大共同体升级，还必须设法去组织各种班级活动，实践是为了更好地认知，认知是为了激发学生更强烈的兴趣，强烈的兴趣才能维持学生对班级共同体的长期持续的参与感。要试图通过各种共同活动引起学生的共同兴趣、共同参与，使学生在思考中去行动，在行动中共享成长经验，共同成长。

必须要注意的是，班级活动需要与影响学生的社会生活切身相关。否则他们将无法感同身受，更无法为未来的社会生活做准备，也就无法真正成为社会共同体的成员。另外，不同班级可以根据不同班级的实际，恰当运用典型的社会情境教育资源，真正使班级教育与社会生活不脱节。当然，这种实际借鉴不等于是"照搬"社会生活。相反地，班级活动中所提供的教育资源必须是简化版本和净化版本，可以从符合学生群体的心理倾向和情感特征的角度出发，善于筛选可操作的社会见习。比如，适逢国庆假期，我特别邀请了以前的老学生回来给全班做一次社会见习分享会。因为她作为一个大四应届生，刚从大学丰富多彩的学生生活成功晋级，应聘成功了深圳卫健委行政工作。这种人物是最贴近学生认知的榜样，她分享的主题包括了高中学习方法总结、大学丰富多彩的经历及其青少年爱情观，分享的内容非常丰富，此文因为篇幅和主题的原因不便展开。分享会结束后，为了不让热度只停留在课堂的三分钟，班主任也让学生就分享会写出观后感，并从中指派了几名学生在下一次班会课做代表发表感想。总之，这一次的分享会与课后的班级群体延伸互动效果良好，也为班主任的班级管理实践奠定了基础。

参考文献:

[1] 杜威.杜威全集·中期著作（1899-1924）（第九卷）[M].俞吾金，孔慧，译.上海：华东师范大学出版社，2012.

［2］约翰·杜威.民主主义与教育［M］.王承绪，译.北京：人民教育出版社，2001.

［3］许元元.论杜威的学习共同体思想及其实践［J］.黄冈师范学院学报，2019，39（4）：77-80.

［4］程亮.学校即共同体：重返杜威的《民主主义与教育》［J］.湖南师范大学教育科学学报，2016，15（3）：14-21.